GRöLS Verlage

„Bücher sind wie Fallschirme. Sie nützen uns nichts, wenn wir sie nicht öffnen.“

Gröls Verlag

Redaktionelle Hinweise und Impressum

Das vorliegende Werk wurde zugunsten der Authentizität sehr zurückhaltend bearbeitet. So wurden etwa ursprüngliche Rechtschreibfehler *nicht* systematisch behoben, denn kleine Unvollkommenheiten machen das Buch – wie im Übrigen den Menschen – erst authentisch. Mitunter wurden jedoch zum Beispiel Absätze behutsam neu getrennt, um den Lesefluss zu erleichtern.

Um die Texte zu rekonstruieren, werden antiquarische Bücher von Lesegeräten gescannt und dann durch eine Software lesbar gemacht. Der so entstandene Text wird von Menschen gegengelesen und korrigiert – hierbei treten auch Fehler auf. Wenn Sie ebenfalls antiquarische Texte einreichen möchten, finden Sie weitere Informationen auf www.groels.de

Viel Freude bei der Lektüre wünscht Ihnen das Team des Gröls-Verlags.

Adressen

Verleger: Sophia Gröls, Im Borngrund 26, 61440 Oberursel

Externer Dienstleister für Distribution & Herstellung: BoD, In de Tarpen 42, 22848 Norderstedt

Unsere „Edition | Werke der Weltliteratur“ hat den Anspruch, eine der größten und vollständigsten Sammlungen klassischer Literatur in deutscher Sprache zu sein. Nach und nach versammeln wir hier nicht nur die „üblichen Verdächtigen“ von Goethe bis Schiller, sondern auch Kleinode der vergangenen Jahrhunderte, die – zu Unrecht – drohen, in Vergessenheit zu geraten. Wir kultivieren und kuratieren damit einen der wertvollsten Bereiche der abendländischen Kultur. Kleine Auswahl:

Francis Bacon • Neues Organon • **Balzac** • Glanz und Elend der Kurtisanen • **Joachim H. Campe** • Robinson der Jüngere • **Dante Alighieri** • Die Göttliche Komödie • **Daniel Defoe** • Robinson Crusoe • **Charles Dickens** • Oliver Twist • **Denis Diderot** • Jacques der Fatalist • **Fjodor Dostojewski** • Schuld und Sühne • **Arthur Conan Doyle** • Der Hund von Baskerville • **Marie von Ebner-Eschenbach** • Das Gemeindekind • **Elisabeth von Österreich** • Das Poetische Tagebuch • **Friedrich Engels** • Die Lage der arbeitenden Klasse • **Ludwig Feuerbach** • Das Wesen des Christentums • **Johann G. Fichte** • Reden an die deutsche Nation • **Fitzgerald** • Zärtlich ist die Nacht • **Flaubert** • Madame Bovary • **Gorch Fock** • Seefahrt ist not! • **Theodor Fontane** • Effi Briest • **Robert Musil** • Über die Dummheit • **Edgar Wallace** • Der Frosch mit der Maske • **Jakob Wassermann** • Der Fall Maurizius • **Oscar Wilde** • Das Bildnis des Dorian Grey • **Émile Zola** • Germinal • **Stefan Zweig** • Schachnovelle • **Hugo von Hofmannsthal** • Der Tor und der Tod • **Anton Tschechow** • Ein Heiratsantrag • **Arthur Schnitzler** • Reigen • **Friedrich Schiller** • Kabale und Liebe • **Nicolo Machiavelli** • Der Fürst • **Gotthold E. Lessing** • Nathan der Weise • **Augustinus** • Die Bekenntnisse des heiligen Augustinus • **Marcus Aurelius** • Selbstbetrachtungen • **Charles Baudelaire** • Die Blumen des Bösen • **Harriett Stowe** • Onkel Toms Hütte • **Walter Benjamin** • Deutsche Menschen • **Hugo Bettauer** • Die Stadt ohne Juden • **Lewis Caroll** • *und viele mehr….*

Sigmund Freud

Massenpsychologie und Ich-Analyse

Inhalt

Kapitel I – Einleitung

Der Gegensatz von Individual- und Sozial- oder Massenpsychologie, der uns auf den ersten Blick als sehr bedeutsam erscheinen mag, verliert bei eingehender Betrachtung sehr viel von seiner Schärfe. Die Individualpsychologie ist zwar auf den einzelnen Menschen eingestellt und verfolgt, auf welchen Wegen derselbe die Befriedigung seiner Triebregungen zu erreichen sucht, allein sie kommt dabei nur selten, unter bestimmten Ausnahmsbedingungen, in die Lage, von den Beziehungen dieses Einzelnen zu anderen Individuen abzusehen. Im Seelenleben des Einzelnen kommt ganz regelmäßig der andere als Vorbild, als Objekt, als Helfer und als Gegner in Betracht, und die Individualpsychologie ist daher von Anfang an auch gleichzeitig Sozialpsychologie in diesem erweiterten, aber durchaus berechtigten Sinne.

Das Verhältnis des Einzelnen zu seinen Eltern und Geschwistern, zu seinem Liebesobjekt, zu seinem Lehrer und zu seinem Arzt, also alle die Beziehungen, welche bisher vorzugsweise Gegenstand der psychoanalytischen Untersuchung geworden sind, können den Anspruch erheben, als soziale Phänomene gewürdigt zu werden, und stellen sich dann in Gegensatz zu gewissen anderen, von uns *narzißtisch* genannten Vorgängen, bei denen die Triebbefriedigung sich dem Einfluß anderer Personen entzieht oder auf sie verzichtet. Der Gegensatz zwischen sozialen und narzißtischen – Bleuler würde vielleicht sagen: *autistischen* –

seelischen Akten fällt also durchaus innerhalb des Bereichs der Individualpsychologie und eignet sich nicht dazu, sie von einer Sozial- oder Massenpsychologie abzutrennen.

In den erwähnten Verhältnissen zu Eltern und Geschwistern, zur Geliebten, zum Freund, Lehrer und zum Arzt erfährt der Einzelne immer nur den Einfluß einer einzigen oder einer sehr geringen Anzahl von Personen, von denen eine jede eine großartige Bedeutung für ihn erworben hat. Man hat sich nun gewöhnt, wenn man von Sozial- oder Massenpsychologie spricht, von diesen Beziehungen abzusehen und die gleichzeitige Beeinflussung des Einzelnen durch eine große Anzahl von Personen, mit denen er durch irgend etwas verbunden ist, während sie ihm sonst in vielen Hinsichten fremd sein mögen, als Gegenstand der Untersuchung abzusondern. Die Massenpsychologie behandelt also den einzelnen Menschen als Mitglied eines Stammes, eines Volkes, einer Kaste, eines Standes, einer Institution oder als Bestandteil eines Menschenhaufens, der sich zu einer gewissen Zeit für einen bestimmten Zweck zur Masse organisiert. Nach dieser Zerreißung eines natürlichen Zusammenhanges lag es dann nahe, die Erscheinungen, die sich unter diesen besonderen Bedingungen zeigen, als Äußerungen eines besonderen, weiter nicht zurückführbaren Triebes anzusehen, des sozialen Triebes – *herd instinct, group mind* –, der in anderen Situationen nicht zum Ausdruck kommt. Wir dürfen aber wohl den Einwand erheben, es falle uns schwer, dem Moment der Zahl eine so große Bedeutung einzuräumen, daß es ihm allein möglich sein sollte, im menschlichen Seelenleben einen neuen und sonst nicht betätigten Trieb zu wecken. Unsere Erwartung wird somit auf zwei andere Möglichkeiten hingelenkt: daß der soziale Trieb kein ursprünglicher und unzerlegbarer sein mag und daß die Anfänge seiner Bildung in einem engeren Kreis, wie etwa in dem der Familie, gefunden werden können.

Die Massenpsychologie, obwohl erst in ihren Anfängen befindlich, umfaßt eine noch unübersehbare Fülle von Einzelproblemen und stellt dem Untersucher ungezählte, derzeit noch nicht einmal gut gesonderte Aufgaben. Die bloße Gruppierung der verschiedenen Formen von Massenbildung und die Beschreibung der von ihnen geäußerten psychischen Phänomene erfordern einen großen Aufwand von Beobachtung und Darstellung und haben bereits eine reichhaltige Literatur entstehen lassen. Wer dies schmale Büchlein an dem Umfang der Massenpsychologie mißt, wird ohneweiters vermuten dürfen, daß hier nur wenige Punkte des ganzen Stoffes behandelt werden sollen. Es werden wirklich auch nur einige Fragen sein, an denen die Tiefenforschung der Psychoanalyse ein besonderes Interesse nimmt.

Kapitel II – Le Bons Schilderung der Massenseele

Zweckmäßiger als eine Definition voranzustellen scheint es, mit einem Hinweis auf das Erscheinungsgebiet zu beginnen und aus diesem einige besonders auffällige und charakteristische Tatsachen herauszugreifen, an welche die Untersuchung anknüpfen kann. Wir erreichen beides durch einen Auszug aus dem mit Recht berühmt gewordenen Buch von Le Bon, *Psychologie der Massen*.

Machen wir uns den Sachverhalt nochmals klar: Wenn die Psychologie, welche die Anlagen, Triebregungen, Motive, Absichten eines einzelnen Menschen bis zu seinen Handlungen und in die Beziehungen zu seinen Nächsten verfolgt, ihre Aufgabe restlos gelöst und alle diese Zusammenhänge durchsichtig gemacht hätte, dann fände sie sich plötzlich vor einer neuen Aufgabe, die sich ungelöst vor ihr erhebt. Sie müßte die überraschende Tatsache erklären, daß dies ihr verständlich gewordene Individuum unter einer bestimmten Bedingung ganz anders fühlt, denkt und handelt, als von ihm zu erwarten stand, und diese Bedingung ist die Einreihung in eine Menschenmenge, welche die Eigenschaft einer „psychologischen Masse" erworben hat. Was ist nun eine „Masse", wodurch erwirbt sie die Fähigkeit, das Seelenleben des Einzelnen so entscheidend zu beeinflussen, und worin besteht die seelische Veränderung, die sie dem Einzelnen aufnötigt?

Diese drei Fragen zu beantworten, ist die Aufgabe einer theoretischen Massenpsychologie. Man greift sie offenbar am besten an, wenn man von der dritten ausgeht. Es ist die Beobachtung der veränderten Reaktion des Einzelnen, welche der Massenpsychologie den Stoff liefert; jedem Erklärungsversuch muß ja die Beschreibung des zu Erklärenden vorausgehen.

Ich lasse nun Le Bon zu Worte kommen. Er sagt: „An einer psychologischen Masse ist das Sonderbarste dies: welcher Art auch die sie zusammensetzenden Individuen sein mögen, wie ähnlich oder unähnlich ihre Lebensweise, Beschäftigung, ihr Charakter oder ihre Intelligenz ist, durch den bloßen Umstand ihrer Umformung zur Masse besitzen sie eine Kollektivseele, vermöge deren sie in ganz anderer Weise fühlen, denken und handeln, als jedes von ihnen für sich fühlen, denken und handeln würde. Es gibt Ideen und Gefühle, die nur bei den zu Massen verbundenen Individuen auftreten oder sich in Handlungen umsetzen. Die psychologische Masse ist ein provisorisches Wesen, das aus heterogenen Elementen besteht, die für einen Augenblick sich miteinander verbunden haben, genauso wie die Zellen des Organismus durch ihre Vereinigung ein neues Wesen mit ganz anderen Eigenschaften als denen der einzelnen Zellen bilden."

Indem wir uns die Freiheit nehmen, die Darstellung Le Bons durch unsere Glossen zu unterbrechen, geben wir hier der Bemerkung Raum: Wenn die Individuen in der Masse zu einer Einheit verbunden sind, so muß es wohl etwas geben, was sie aneinander bindet, und dies Bindemittel könnte gerade das sein, was für die Masse charakteristisch ist. Allein Le Bon beantwortet diese Frage nicht, er geht auf die Veränderung des Individuums in der Masse ein und beschreibt sie in Ausdrücken, welche mit den Grundvoraussetzungen unserer Tiefenpsychologie in guter Übereinstimmung stehen.

(Ibid., 14.) „Leicht ist die Feststellung des Maßes von Verschiedenheit des einer Masse angehörenden vom isolierten Individuum, weniger leicht ist aber die Entdeckung der Ursachen dieser Verschiedenheit."

„Um diese Ursachen wenigstens einigermaßen zu finden, muß man sich zunächst der von der modernen Psychologie gemachten Feststellung erinnern, daß nicht bloß im organischen Leben, sondern auch in den intellektuellen

Funktionen die unbewußten Phänomene eine überwiegende Rolle spielen. Das bewußte Geistesleben stellt nur einen recht geringen Teil neben dem unbewußten Seelenleben dar. Die feinste Analyse, die schärfste Beobachtung gelangt nur zu einer kleinen Anzahl bewußter Motive des Seelenlebens. Unsere bewußten Akte leiten sich aus einem, besonders durch Vererbungseinflüsse geschaffenen, unbewußten Substrat her. Dieses enthält die zahllosen Ahnenspuren, aus denen sich die Rassenseele konstituiert. Hinter den eingestandenen Motiven unserer Handlungen gibt es zweifellos die geheimen Gründe, die wir nicht eingestehen, hinter diesen liegen aber noch geheimere, die wir nicht einmal kennen. Die Mehrzahl unserer alltäglichen Handlungen ist nur die Wirkung verborgener, uns entgehender Motive."

In der Masse, meint Le Bon, verwischen sich die individuellen Erwerbungen der Einzelnen, und damit verschwindet deren Eigenart. Das rassenmäßige Unbewußte tritt hervor, das Heterogene versinkt im Homogenen. Wir würden sagen, der psychische Oberbau, der sich bei den Einzelnen so verschiedenartig entwickelt hat, wird abgetragen, entkräftet, und das bei allen gleichartige unbewußte Fundament wird bloßgelegt (wirksam gemacht).

Auf diese Weise käme ein durchschnittlicher Charakter der Massenindividuen zustande. Allein Le Bon findet, sie zeigen auch neue Eigenschaften, die sie vorher nicht besessen haben, und sucht den Grund dafür in drei verschiedenen Momenten.

(Ibid., 15.) „Die erste dieser Ursachen besteht darin, daß das Individuum in der Masse schon durch die Tatsache der Menge ein Gefühl unüberwindlicher Macht erlangt, welches ihm gestattet, Trieben zu frönen, die es allein notwendig gezügelt hätte. Es wird dies nun um so weniger Anlaß haben, als bei der Anonymität und demnach auch Unverantwortlichkeit der Masse das Verantwortlichkeitsgefühl, welches die Individuen stets zurückhält, völlig schwindet.“

Wir brauchten von unserem Standpunkt weniger Wert auf das Auftauchen neuer Eigenschaften zu legen. Es genügte uns zu sagen, das Individuum komme in der Masse unter Bedingungen, die ihm gestatten, die Verdrängungen seiner unbewußten Triebregungen abzuwerfen. Die anscheinend neuen Eigenschaften, die es dann zeigt, sind eben die Äußerungen dieses Unbewußten, in dem ja alles Böse der Menschenseele in der Anlage enthalten ist; das Schwinden des Gewissens oder Verantwortlichkeitsgefühls unter diesen Umständen macht unserem Verständnis keine Schwierigkeit. Wir hatten längst behauptet, der Kern des sogenannten Gewissens sei „soziale Angst“.

(Ibid., 16.) „Eine zweite Ursache, die Ansteckung, trägt ebenso dazu bei, bei den Massen die Äußerung spezieller Merkmale und zugleich deren Richtung zu bewerkstelligen. Die Ansteckung ist ein leicht zu konstatierendes, aber unerklärliches Phänomen, das man den von uns sogleich zu studierenden Phänomenen hypnotischer Art zurechnen muß. In der Menge ist jedes Gefühl, jede Handlung ansteckend, und zwar in so hohem Grade, daß das Individuum sehr leicht sein persönliches Interesse dem Gesamtinteresse opfert. Es ist dies eine seiner Natur durchaus entgegengesetzte Fähigkeit, deren der Mensch nur als Massenbestandteil fähig ist.“

Wir werden auf diesem letzten Satz später eine wichtige Vermutung begründen.

(Ibid., 16.) „Eine dritte, und zwar die wichtigste Ursache bedingt in den zur Masse vereinigten Individuen besondere Eigenschaften, welche denen des isolierten Individuums völlig entgegengesetzt sind. Ich rede hier von der Suggestibilität, von der die erwähnte Ansteckung übrigens nur eine Wirkung ist."

„Zum Verständnis dieser Erscheinung gehört die Vergegenwärtigung gewisser neuer Entdeckungen der Physiologie. Wir wissen jetzt, daß ein Mensch mittels mannigfacher Prozeduren in einen solchen Zustand versetzt werden kann, daß er nach Verlust seiner ganzen bewußten Persönlichkeit allen Suggestionen desjenigen gehorcht, der ihn seines Persönlichkeitsbewußtseins beraubt hat, und daß er die zu seinem Charakter und seinen Gewohnheiten in schärfstem Gegensatz stehenden Handlungen begeht. Nun scheinen sehr sorgfältige Beobachtungen darzutun, daß ein eine Zeitlang im Schoße einer tätigen Masse eingebettetes Individuum in Bälde – durch Ausströmungen, die von ihr ausgehen, oder sonst eine unbekannte Ursache – sich in einem Sonderzustand befindet, der sich sehr der Faszination nähert, die den Hypnotisierten unter dem Einfluß des Hypnotisators befällt . . . Die bewußte Persönlichkeit ist völlig geschwunden, Wille und Unterscheidungsvermögen fehlen, alle Gefühle und Gedanken sind nach der durch den Hypnotisator hergestellten Richtung orientiert."

„So ungefähr verhält sich auch der Zustand des einer psychologischen Masse angehörenden Individuums. Es ist sich seiner Handlungen nicht mehr bewußt. Wie beim Hypnotisierten können bei ihm, während zugleich gewisse Fähigkeiten aufgehoben sind, andere auf einen Grad höchster Stärke gebracht werden. Unter dem Einflüsse einer Suggestion wird es sich mit einem unwiderstehlichen Triebe an die Ausführung bestimmter Handlungen machen. Und dieses Ungestüm ist bei den Massen noch unwiderstehlicher als beim Hypnotisierten, weil die für alle Individuen gleiche Suggestion durch Gegenseitigkeit anwächst."

(Ibid., 17.) „Die Hauptmerkmale des in der Masse befindlichen Individuums sind demnach: Schwund der bewußten Persönlichkeit, Vorherrschaft der unbewußten Persönlichkeit, Orientierung der Gedanken und Gefühle in derselben Richtung durch Suggestion und Ansteckung, Tendenz zur unverzüglichen Verwirklichung der suggerierten Ideen. Das Individuum ist nicht mehr es selbst, es ist ein willenloser Automat geworden."

Ich habe dieses Zitat so ausführlich wiedergegeben, um zu bekräftigen, daß Le Bon den Zustand des Individuums in der Masse wirklich für einen hypnotischen erklärt, nicht etwa ihn bloß mit einem solchen vergleicht. Wir beabsichtigen hier keinen Widerspruch, wollen nur hervorheben, daß die beiden letzten Ursachen der Veränderung des Einzelnen in der Masse, die Ansteckung und die höhere Suggerierbarkeit, offenbar nicht gleichartig sind, da ja die Ansteckung auch eine Äußerung der Suggerierbarkeit sein soll. Auch die Wirkungen der beiden Momente scheinen uns im Text Le Bons nicht scharf geschieden. Vielleicht deuten wir seine Äußerung am besten aus, wenn wir die Ansteckung auf die Wirkung der einzelnen

Mitglieder der Masse aufeinander beziehen, während die mit den Phänomenen der hypnotischen Beeinflussung gleichgestellten Suggestionserscheinungen in der Masse auf eine andere Quelle hinweisen. Auf welche aber? Es muß uns als eine empfindliche Unvollständigkeit berühren, daß eines der Hauptstücke dieser Angleichung, nämlich die Person, welche für die Masse den Hypnotiseur ersetzt, in der Darstellung Le Bons nicht erwähnt wird. Immerhin unterscheidet er von diesem im dunkeln gelassenen faszinierenden Einfluß die ansteckende Wirkung, die die Einzelnen aufeinander ausüben, durch welche die ursprüngliche Suggestion verstärkt wird.

Noch ein wichtiger Gesichtspunkt für die Beurteilung des Massenindividuums: (Ibid., 17.) „Ferner steigt durch die bloße Zugehörigkeit zu einer organisierten Masse der Mensch mehrere Stufen auf der Leiter der Zivilisation herab. In seiner Vereinzelung war er vielleicht ein gebildetes Individuum, in der Masse ist er ein Barbar, das heißt ein Triebwesen. Er besitzt die Spontaneität, die Heftigkeit, die Wildheit und auch den Enthusiasmus und Heroismus primitiver Wesen." Er verweilt dann noch besonders bei der Herabsetzung der intellektuellen Leistung, die der Einzelne durch sein Aufgehen in der Masse erfährt.

„Jeder, sieht man ihn einzeln, ist leidlich klug und verständig;
Sind sie *in corpore*, gleich wird euch ein Dummkopf daraus."

Verlassen wir nun den Einzelnen und wenden wir uns zur Beschreibung der Massenseele, wie Le Bon sie entwirft. Es ist kein Zug darin, dessen Ableitung und Unterbringung dem Psychoanalytiker Schwierigkeiten bereiten würde. Le Bon weist uns selbst den Weg, indem er auf die Übereinstimmung mit dem Seelenleben der Primitiven und der Kinder hinweist. (Ibid., 19.)

Die Masse ist impulsiv, wandelbar und reizbar. Sie wird fast ausschließlich vom Unbewußten geleitet. Die Impulse, denen die Masse gehorcht, können je nach Umständen edel oder grausam, heroisch oder feige sein, jedenfalls aber sind sie so gebieterisch, daß nicht das persönliche, nicht einmal das Interesse der Selbsterhaltung zur Geltung kommt. (Ibid., 20.) Nichts ist bei ihr vorbedacht. Wenn sie auch die Dinge leidenschaftlich begehrt, so doch nie für lange, sie ist unfähig zu einem Dauerwillen. Sie verträgt keinen Aufschub zwischen ihrem Begehren und der Verwirklichung des Begehrten. Sie hat das Gefühl der Allmacht, für das Individuum in der Masse schwindet der Begriff des Unmöglichen.

Die Masse ist außerordentlich beeinflußbar und leichtgläubig, sie ist kritiklos, das Unwahrscheinliche existiert für sie nicht. Sie denkt in Bildern, die einander assoziativ hervorrufen, wie sie sich beim Einzelnen in Zuständen des freien Phantasierens einstellen, und die von keiner verständigen Instanz an der Übereinstimmung mit der Wirklichkeit gemessen werden. Die Gefühle der Masse sind stets sehr einfach und sehr überschwenglich. Die Masse kennt also weder Zweifel noch Ungewißheit.

Sie geht sofort zum Äußersten, der ausgesprochene Verdacht wandelt sich bei ihr sogleich in unumstößliche Gewißheit, ein Keim von Antipathie wird zum wilden Haß. (Ibid., 32.).

Selbst zu allen Extremen geneigt, wird die Masse auch nur durch übermäßige Reize erregt. Wer auf sie wirken will, bedarf keiner logischen Abmessung seiner Argumente, er muß in den kräftigsten Bildern malen, übertreiben und immer das gleiche wiederholen.

Da die Masse betreffs des Wahren oder Falschen nicht im Zweifel ist und dabei das Bewußtsein ihrer großen Kraft hat, ist sie ebenso intolerant wie autoritätsgläubig. Sie respektiert die Kraft und läßt sich von der Güte, die für sie nur eine Art von Schwäche bedeutet, nur mäßig beeinflussen. Was sie von ihren Helden verlangt, ist Stärke, selbst Gewalttätigkeit. Sie will beherrscht und unterdrückt werden und ihren Herrn fürchten. Im Grunde durchaus konservativ, hat sie tiefen Abscheu vor allen Neuerungen und Fortschritten und unbegrenzte Ehrfurcht vor der Tradition. (Ibid., 37.)

Um die Sittlichkeit der Massen richtig zu beurteilen, muß man in Betracht ziehen, daß im Beisammensein der Massenindividuen alle individuellen Hemmungen entfallen und alle grausamen, brutalen, destruktiven Instinkte, die als Überbleibsel der Urzeit im Einzelnen schlummern, zur freien Triebbefriedigung geweckt werden. Aber die Massen sind auch unter dem Einfluß der Suggestion hoher Leistungen von Entsagung, Uneigennützigkeit, Hingebung an ein Ideal fähig. Während der persönliche Vorteil beim isolierten Individuum so ziemlich die einzige Triebfeder ist, ist er bei den Massen sehr selten vorherrschend. Man kann von einer Versittlichung des Einzelnen durch die Masse sprechen (ibid., 39). Während die intellektuelle Leistung der Masse immer tief unter der des

Einzelnen steht, kann ihr ethisches Verhalten dies Niveau ebenso hoch überragen, wie tief darunter herabgehen.

Ein helles Licht auf die Berechtigung, die Massenseele mit der Seele der Primitiven zu identifizieren, werfen einige andere Züge der Le Bonschen Charakteristik. Bei den Massen können die entgegengesetztesten Ideen nebeneinanderbestehen und sich miteinander vertragen, ohne daß sich aus deren logischem Widerspruch ein Konflikt ergäbe. Dasselbe ist aber im unbewußten Seelenleben der Einzelnen, der Kinder und der Neurotiker der Fall, wie die Psychoanalyse längst nachgewiesen hat.

Im Fortschritt der Entwicklung vom Kinde zum reifen Erwachsenen kommt es überhaupt zu einer immer weiter greifenden *Integration* der Persönlichkeit, zu einer Zusammenfassung der einzelnen, unabhängig voneinander in ihr gewachsenen Triebregungen und Zielstrebungen. Der analoge Vorgang auf dem Gebiet des Sexuallebens ist uns als Zusammenfassung aller Sexualtriebe zur definitiven Genitalorganisation lange bekannt. (*Drei Abhandlungen zur Sexualtheorie*) Daß die Vereinheitlichung des Ichs übrigens dieselben Störungen erfahren kann wie die der Libido, zeigen vielfache, sehr bekannte Beispiele wie das der Naturforscher, die bibelgläubig geblieben sind, und andere. – Die verschiedenen Möglichkeiten eines späteren Zerfalls des Ichs bilden ein besonderes Kapitel der Psychopathologie.

Ferner unterliegt die Masse der wahrhaftig magischen Macht von Worten, die in der Massenseele die furchtbarsten Stürme hervorrufen und sie auch besänftigen können (ibid., 74). „Mit Vernunft und Argumenten kann man gegen gewisse Worte und Formeln nicht ankämpfen. Man spricht sie mit Andacht vor den Massen aus, und sogleich werden die Mienen respektvoll, und die Köpfe neigen sich. Von vielen werden sie als Naturkräfte oder als übernatürliche Mächte betrachtet." (Ibid., 75.) Man braucht sich dabei nur an die Tabu der Namen bei den Primitiven, an die magischen Kräfte, die sich ihnen an Namen und Worte knüpfen, zu erinnern.

Und endlich: Die Massen haben nie den Wahrheitsdurst gekannt. Sie fordern Illusionen, auf die sie nicht verzichten können. Das Irreale hat bei ihnen stets den Vorrang vor dem Realen, das Unwirkliche beeinflußt sie fast ebenso stark wie das Wirkliche. Sie haben die sichtliche Tendenz, zwischen beiden keinen Unterschied zu machen (ibid., 47).

Diese Vorherrschaft des Phantasielebens und der vom unerfüllten Wunsch getragenen Illusion haben wir als bestimmend für die Psychologie der Neurosen aufgezeigt. Wir fanden, für die Neurotiker gelte nicht die gemeine objektive, sondern die psychische Realität. Ein hysterisches Symptom gründe sich auf Phantasie, anstatt auf die Wiederholung wirklichen Erlebens, ein zwangsneurotisches Schuldbewußtsein auf die Tatsache eines bösen Vorsatzes, der nie zur Ausführung gekommen. Ja, wie im Traum und in der Hypnose, tritt in der Seelentätigkeit der Masse die Realitätsprüfung zurück gegen die Stärke der affektiv besetzten Wunschregungen.

Was Le Bon über die Führer der Massen sagt, ist weniger erschöpfend und läßt das Gesetzmäßige nicht so deutlich durchschimmern. Er meint, sobald lebende Wesen in einer gewissen Anzahl vereinigt sind, einerlei, ob eine Herde Tiere oder eine Menschenmenge, stellen sie sich instinktiv unter die Autorität eines Oberhauptes (ibid., 86). Die Masse ist eine folgsame Herde, die nie ohne Herrn zu leben vermag. Sie hat einen solchen Durst zu gehorchen, daß sie sich jedem, der sich zu ihrem Herrn ernennt, instinktiv unterordnet.

Kommt so das Bedürfnis der Masse dem Führer entgegen, so muß er ihm doch durch persönliche Eigenschaften entsprechen. Er muß selbst durch einen starken Glauben (an eine Idee) fasziniert sein, um Glauben in der Masse zu erwecken, er muß einen starken, imponierenden Willen besitzen, den die willenlose Masse von ihm annimmt. Le Bon bespricht dann die verschiedenen Arten von Führern und die Mittel, durch welche sie auf die Masse wirken. Im ganzen läßt er die Führer durch die Ideen zur Bedeutung kommen, für die sie selbst fanatisiert sind.

Diesen Ideen wie den Führern schreibt er überdies eine geheimnisvolle, unwiderstehliche Macht zu, die er „Prestige" benennt. Das Prestige ist eine Art Herrschaft, die ein Individuum, ein Werk oder eine Idee über uns übt. Sie lähmt all unsere Fähigkeit zur Kritik und erfüllt uns mit Staunen und Achtung. Sie dürfte ein Gefühl hervorrufen, ähnlich wie das der Faszination der Hypnose (ibid., 96).

Er unterscheidet erworbenes oder künstliches und persönliches Prestige. Das erstere wird bei Personen durch

Name, Reichtum, Ansehen verliehen, bei Anschauungen, Kunstwerken und dergleichen durch Tradition. Da es in allen Fällen auf die Vergangenheit zurückgreift, wird es für das Verständnis dieses rätselhaften Einflusses wenig leisten. Das persönliche Prestige haftet an wenigen Personen, die durch dasselbe zu Führern werden, und macht, daß ihnen alles wie unter der Wirkung eines magnetischen Zaubers gehorcht. Doch ist jedes Prestige auch vom Erfolg abhängig und geht durch Mißerfolge verloren (ibid., 103).

Man gewinnt nicht den Eindruck, daß bei Le Bon die Rolle der Führer und die Betonung des Prestiges in richtigen Einklang mit der so glänzend vorgetragenen Schilderung der Massenseele gebracht worden ist.

Kapitel III – Andere Würdigungen des kollektiven Seelenlebens

Wir haben uns der Darstellung von Le Bon als Einführung bedient, weil sie in der Betonung des unbewußten Seelenlebens so sehr mit unserer eigenen Psychologie zusammentrifft. Nun müssen wir aber hinzufügen, daß eigentlich keine der Behauptungen dieses Autors etwas Neues bringt. Alles, was er Abträgliches und Herabsetzendes über die Äußerungen der Massenseele sagt, ist schon vor ihm ebenso bestimmt und ebenso feindselig von anderen gesagt worden, wird seit den ältesten Zeiten der Literatur von Denkern, Staatsmännern und Dichtern gleichlautend so wiederholt. Die beiden Sätze, welche die wichtigsten Ansichten Le Bons enthalten, der von der kollektiven Hemmung der intellektuellen Leistung und der von der Steigerung der Affektivität in der Masse waren kurz vorher von Sighele formuliert worden. Im Grunde erübrigen als Le Bon eigentümlich nur die beiden Gesichtspunkte des Unbewußten und des Vergleiches mit dem Seelenleben der Primitiven, auch diese natürlich oftmals vor ihm berührt.

Aber noch mehr, die Beschreibung und Würdigung der Massenseele, wie Le Bon und die anderen sie geben, ist auch keineswegs unangefochten geblieben. Kein Zweifel, daß alle die vorhin beschriebenen Phänomene der Massenseele richtig beobachtet worden sind, aber es lassen sich auch andere, geradezu entgegengesetzt wirkende Äußerungen der Massenbildung erkennen, aus denen man dann eine weit höhere Einschätzung der Massenseele ableiten muß.

Auch Le Bon war bereit zuzugestehen, daß die Sittlichkeit der Masse unter Umständen höher sein kann als die der sie zusammensetzenden Einzelnen und daß nur die Gesamtheiten hoher Uneigennützigkeit und Hingebung fähig sind.

(Übersetzung, 1912, 38.) „Während der persönliche Vorteil beim isolierten Individuum so ziemlich die einzige Triebfeder ist, ist er bei den Massen sehr selten vorherrschend."

Andere machen geltend, daß es überhaupt erst die Gesellschaft ist, welche dem Einzelnen die Normen der Sittlichkeit vorschreibt, während der Einzelne in der Regel irgendwie hinter diesen hohen Ansprüchen zurückbleibt. Oder daß in Ausnahmszuständen in einer Kollektivität das Phänomen der Begeisterung zustande kommt, welche die großartigsten Massenleistungen ermöglicht hat.

In Betreff der intellektuellen Leistung bleibt zwar bestehen, daß die großen Entscheidungen der Denkarbeit, die folgenschweren Entdeckungen und Problemlösungen nur dem Einzelnen, der in der Einsamkeit arbeitet, möglich sind. Aber auch die Massenseele ist genialer geistiger Schöpfungen fähig, wie vor allem die Sprache selbst beweist, sodann das Volkslied, Folklore und anderes. Und überdies bleibt es dahingestellt, wieviel der einzelne Denker oder Dichter den Anregungen der Masse, in welcher er lebt, verdankt, ob er mehr als der Vollender einer seelischen Arbeit ist, an der gleichzeitig die anderen mitgetan haben.

Angesichts dieser vollkommenen Widersprüche scheint es ja, daß die Arbeit der Massenpsychologie ergebnislos verlaufen müsse. Allein es ist leicht, einen hoffnungsvolleren Ausweg zu finden. Man hat wahrscheinlich als „Massen" sehr verschiedene Bildungen zusammengefaßt, die einer Sonderung bedürfen. Die Angaben von Sighele, Le Bon und anderen beziehen sich auf Massen kurzlebiger Art, die rasch durch ein vorübergehendes Interesse aus verschiedenartigen Individuen zusammengeballt werden. Es ist unverkennbar, daß die Charaktere der revolutionären Massen, besonders der großen Französischen Revolution, ihre Schilderungen beeinflußt haben. Die gegensätzlichen Behauptungen stammen aus der Würdigung jener stabilen Massen oder Vergesellschaftungen, in denen die Menschen ihr Leben zubringen, die sich in den Institutionen der Gesellschaft verkörpern. Die Massen der ersten Art sind den letzteren gleichsam aufgesetzt, wie die kurzen, aber hohen Wellen den langen Dünungen der See.

McDougall, der in seinem Buch *The Group Mind* (1920 *a*) von dem nämlichen, oben erwähnten Widerspruch ausgeht, findet die Lösung desselben im Moment der Organisation. Im einfachsten Falle, sagt er, besitzt die Masse (*group*) überhaupt keine Organisation oder eine kaum nennenswerte. Er bezeichnet eine solche Masse als einen Haufen (*crowd*). Doch gesteht er zu, daß ein Haufen Menschen nicht leicht zusammenkommt, ohne daß sich in ihm wenigstens die ersten Anfänge einer Organisation bildeten, und daß gerade an diesen einfachen Massen manche Grundtatsachen der Kollektivpsychologie besonders leicht zu erkennen sind (ibid., 22). Damit sich aus den zufällig zusammengewehten Mitgliedern eines Menschenhaufens etwas wie eine Masse im psychologischen Sinne bilde, wird als Bedingung erfordert, daß diese Einzelnen etwas miteinander gemein haben, ein gemeinsames Interesse an einem Objekt, eine gleichartige Gefühlsrichtung in einer gewissen Situation und (ich würde einsetzen: infolgedessen) ein gewisses Maß von Fähigkeit, sich untereinander zu beeinflussen. („*Some degree of reciprocal influence between the members of the group.*") (Ibid., 23.) Je stärker diese Gemeinsamkeiten („*this mental homogeneity*") sind, desto leichter bildet sich aus den Einzelnen eine psychologische Masse und desto auffälliger äußern sich die Kundgebungen einer „Massenseele".

Das merkwürdigste und zugleich wichtigste Phänomen der Massenbildung ist nun die bei jedem Einzelnen hervorgerufene Steigerung der Affektivität („*exaltation or intensification of emotion*") (ibid., 24). Man kann sagen, meint McDougall, daß die Affekte der Menschen kaum unter anderen Bedingungen zu solcher Höhe anwachsen, wie es in einer Masse geschehen kann, und zwar ist es eine genußreiche Empfindung für die Beteiligten, sich so schrankenlos ihren Leidenschaften hinzugeben und dabei in der Masse aufzugehen, das Gefühl ihrer individuellen Abgrenzung zu verlieren. Dies Mitfortgerissenwerden der Individuen erklärt McDougall aus dem von ihm so genannten „*principle of direct induction of emotion by way of the primitive sympathetic response*“ (ibid., 25), das heißt durch die uns bereits bekannte Gefühlsansteckung. Die Tatsache ist die, daß die wahrgenommenen Zeichen eines Affektzustandes geeignet sind, bei dem Wahrnehmenden automatisch denselben Affekt hervorzurufen. Dieser automatische Zwang wird um so stärker, an je mehr Personen gleichzeitig derselbe Affekt bemerkbar ist. Dann schweigt die Kritik des Einzelnen, und er läßt sich in denselben Affekt gleiten. Dabei erhöht er aber die Erregung der anderen, die auf ihn gewirkt hatten, und so steigert sich die Affektladung der Einzelnen durch gegenseitige Induktion. Es ist unverkennbar etwas wie ein Zwang dabei wirksam, es den anderen gleichzutun, im Einklang mit den vielen zu bleiben. Die gröberen und einfacheren Gefühlsregungen haben die größere Aussicht, sich auf solche Weise in einer Masse zu verbreiten (ibid., 39).

Dieser Mechanismus der Affektsteigerung wird noch durch einige andere von der Masse ausgehende Einflüsse begünstigt. Die Masse macht dem Einzelnen den Eindruck einer unbeschränkten Macht und einer unbesiegbaren Gefahr. Sie hat sich für den Augenblick an die Stelle der gesamten menschlichen Gesellschaft gesetzt, welche die Trägerin der

Autorität ist, deren Strafen man gefürchtet, der zuliebe man sich so viele Hemmungen auferlegt hat. Es ist offenbar gefährlich, sich in Widerspruch mit ihr zu setzen, und man ist sicher, wenn man dem ringsumher sich zeigenden Beispiel folgt, also eventuell sogar „mit den Wölfen heult". Im Gehorsam gegen die neue Autorität darf man sein früheres „Gewissen" außer Tätigkeit setzen und dabei der Lockung des Lustgewinnes nachgeben, den man sicherlich durch die Aufhebung seiner Hemmungen erzielt. Es ist also im ganzen nicht so merkwürdig, wenn wir den Einzelnen in der Masse Dinge tun oder gutheißen sehen, von denen er sich unter seinen gewohnten Lebensbedingungen abgewendet hätte, und wir können selbst die Hoffnung fassen, auf diese Weise ein Stück der Dunkelheit zu lichten, die man mit dem Rätselwort der „Suggestion" zu decken pflegt.

Dem Satz von der kollektiven Intelligenzhemmung in der Masse widerspricht auch McDougall nicht (ibid., 41). Er sagt, die geringeren Intelligenzen ziehen die größeren auf ihr Niveau herab. Die letzteren werden in ihrer Betätigung gehemmt, weil die Steigerung der Affektivität überhaupt ungünstige Bedingungen für korrekte geistige Arbeit schafft, ferner weil die Einzelnen durch die Masse eingeschüchtert sind und ihre Denkarbeit nicht frei ist und weil bei jedem Einzelnen das Bewußtsein der Verantwortlichkeit für seine Leistung herabgesetzt wird.

Das Gesamturteil über die psychische Leistung einer einfachen, „unorganisierten" Masse lautet bei McDougall nicht freundlicher als bei Le Bon. Eine solche Masse ist (ibid., 45): überaus erregbar, impulsiv, leidenschaftlich, wankelmütig, inkonsequent, unentschlossen und dabei zum Äußersten bereit in ihren Handlungen, zugänglich nur für die gröberen Leidenschaften und einfacheren Gefühle, außerordentlich suggestibel, leichtsinnig in ihren Überlegungen, heftig in ihren Urteilen, aufnahmsfähig nur für die einfachsten und unvollkommensten Schlüsse und Argumente, leicht zu lenken und zu erschüttern, ohne Selbstbewußtsein, Selbstachtung und Verantwortlichkeitsgefühl, aber bereit, sich von ihrem Kraftbewußtsein zu allen Untaten fortreißen zu lassen, die wir nur von einer absoluten und unverantwortlichen Macht erwarten können. Sie benimmt sich also eher wie ein ungezogenes Kind oder wie ein leidenschaftlicher, nicht beaufsichtigter Wilder in einer ihm fremden Situation; in den schlimmsten Fällen ist ihr Benehmen eher das eines Rudels von wilden Tieren als von menschlichen Wesen.

Da McDougall das Verhalten der hochorganisierten Massen in Gegensatz zu dem hier Geschilderten bringt, werden wir besonders gespannt sein zu erfahren, worin diese Organisation besteht und durch welche Momente sie hergestellt wird. Der Autor zählt fünf dieser *„principal conditions“* für die Hebung des seelischen Lebens der Masse auf ein höheres Niveau auf.

Die erste grundlegende Bedingung ist ein gewisses Maß von Kontinuität im Bestand der Masse. Diese kann eine materielle oder eine formale sein, das erstere, wenn dieselben Personen längere Zeit in der Masse verbleiben, das andere, wenn innerhalb der Masse bestimmte Stellungen entwickelt sind, die den einander ablösenden Personen angewiesen werden.

Die zweite, daß sich in dem Einzelnen der Masse eine bestimmte Vorstellung von der Natur, der Funktion, den Leistungen und Ansprüchen der Masse gebildet hat, so daß sich daraus für ihn ein Gefühlsverhältnis zum Ganzen der Masse ergeben kann.

Die dritte, daß die Masse in Beziehung zu anderen, ihr ähnlichen, aber doch von ihr in vielen Punkten abweichenden Massenbildungen gebracht wird, etwa daß sie mit diesen rivalisiert.

Die vierte, daß die Masse Traditionen, Gebräuche und Einrichtungen besitzt, besonders solche, die sich auf das Verhältnis ihrer Mitglieder zueinander beziehen.

Die fünfte, daß es in der Masse eine Gliederung gibt, die sich in der Spezialisierung und Differenzierung der dem Einzelnen zufallenden Leistung ausdrückt.

Durch die Erfüllung dieser Bedingungen werden nach McDougall die psychischen Nachteile der Massenbildung aufgehoben. Gegen die kollektive Herabsetzung der Intelligenzleistung schützt man sich dadurch, daß man die Lösung der intellektuellen Aufgaben der Masse entzieht und sie Einzelnen in ihr vorbehält.

Es scheint uns, daß man die Bedingung, die McDougall als „Organisation" der Masse bezeichnet hat, mit mehr Berechtigung anders beschreiben kann. Die Aufgabe besteht darin, der Masse gerade jene Eigenschaften zu verschaffen, die für das Individuum charakteristisch waren und die bei ihm durch die Massenbildung ausgelöscht wurden. Denn das Individuum hatte – außerhalb der primitiven Masse – seine

Kontinuität, sein Selbstbewußtsein, seine Traditionen und Gewohnheiten, seine besondere Arbeitsleistung und Einreihung und hielt sich von anderen gesondert, mit denen es rivalisierte. Diese Eigenart hatte es durch seinen Eintritt in die nicht „organisierte" Masse für eine Zeit verloren. Erkennt man so als Ziel, die Masse mit den Attributen des Individuums auszustatten, so wird man an eine gehaltreiche Bemerkung von W. Trotter gemahnt, der in der Neigung zur Massenbildung eine biologische Fortführung der Vielzelligkeit aller höheren Organismen erblickt.

Kapitel IV – Suggestion und Libido

Wir sind von der Grundtatsache ausgegangen, daß ein Einzelner innerhalb einer Masse durch den Einfluß derselben eine oft tiefgreifende Veränderung seiner seelischen Tätigkeit erfährt. Seine Affektivität wird außerordentlich gesteigert, seine intellektuelle Leistung merklich eingeschränkt, beide Vorgänge offenbar in der Richtung einer Angleichung an die anderen Massenindividuen; ein Erfolg, der nur durch die Aufhebung der jedem Einzelnen eigentümlichen Triebhemmungen und durch den Verzicht auf die ihm besonderen Ausgestaltungen seiner Neigungen erreicht werden kann. Wir haben gehört, daß diese oft unerwünschten Wirkungen durch eine höhere „Organisation" der Massen wenigstens teilweise hintangehalten werden, aber der Grundtatsache der Massenpsychologie, den beiden Sätzen von der Affektsteigerung und der Denkhemmung in der primitiven Masse, ist dadurch nicht widersprochen worden. Unser

Interesse geht nun dahin, für diese seelische Wandlung des Einzelnen in der Masse die psychologische Erklärung zu finden.

Rationelle Momente, wie die vorhin erwähnte Einschüchterung des Einzelnen, also die Aktion seines Selbsterhaltungstriebes, decken offenbar die zu beobachtenden Phänomene nicht. Was uns sonst als Erklärung von den Autoren über Soziologie und Massenpsychologie geboten wird, ist immer das nämliche, wenn auch unter wechselnden Namen: das Zauberwort der *Suggestion*. Bei Tarde hieß sie *Nachahmung*, aber wir müssen einem Autor recht geben, der uns vorhält, die Nachahmung falle unter den Begriff der Suggestion, sei eben eine Folge derselben. Bei Le Bon wurde alles Befremdende der sozialen Erscheinungen auf zwei Faktoren zurückgeführt, auf die gegenseitige Suggestion der Einzelnen und das Prestige der Führer. Aber das Prestige äußert sich wiederum nur in der Wirkung, Suggestion hervorzurufen. Bei McDougall konnten wir einen Moment lang den Eindruck empfangen, daß sein Prinzip der „primären Affektinduktion" die Annahme der Suggestion entbehrlich mache. Aber bei weiterer Überlegung müssen wir doch einsehen, daß dies Prinzip nichts anderes aussagt als die bekannten Behauptungen der „Nachahmung" oder „Ansteckung", nur unter entschiedener Betonung des affektiven Moments. Daß eine derartige Tendenz in uns besteht, wenn wir ein Zeichen eines Affektzustandes bei einem anderen gewahren, in denselben Affekt zu verfallen, ist unzweifelhaft, aber wie oft widerstehen wir ihr erfolgreich, weisen den Affekt ab, reagieren oft in ganz gegensätzlicher Weise? Warum also geben wir dieser Ansteckung in der Masse regelmäßig nach? Man wird wiederum sagen müssen, es sei der suggestive Einfluß der Masse, der uns nötigt, dieser Nachahmungstendenz zu gehorchen, der den Affekt in uns induziert. Übrigens kommen wir auch sonst bei McDougall nicht um die Suggestion herum; wir hören von ihm wie von anderen: die Massen zeichnen sich durch besondere Suggestibilität aus.

Man wird so für die Aussage vorbereitet, die Suggestion (richtiger die Suggerierbarkeit) sei eben ein weiter nicht reduzierbares Urphänomen, eine Grundtatsache des menschlichen Seelenlebens. So hielt es auch Bernheim, von dessen erstaunlichen Künsten ich im Jahre 1889 Zeuge war. Ich weiß mich aber auch damals an eine dumpfe Gegnerschaft gegen diese Tyrannei der Suggestion zu erinnern. Wenn ein Kranker, der sich nicht gefügig zeigte, angeschrieen wurde: „Was tun Sie denn? *Vous vous contre-suggestionnez!*" so sagte ich mir, das sei offenbares Unrecht und Gewalttat. Der Mann habe zu Gegensuggestionen gewiß ein Recht, wenn man ihn mit Suggestionen zu unterwerfen versuche. Mein Widerstand nahm dann später die Richtung einer Auflehnung dagegen, daß die Suggestion, die alles erklärte, selbst der Erklärung entzogen sein sollte. Ich wiederholte mit Bezug auf sie die alte Scherzfrage:

Christoph trug Christum,
Christus trug die ganze Welt,
Sag', wo hat Christoph
Damals hin den Fuß gestellt?

Cristophorus Christum, sed Christus sustulit orbem:
Constiterit pedibus dic ubi Christophorus?

Wenn ich nun nach etwa dreißigjähriger Fernhaltung wieder an das Rätsel der Suggestion herantrete, finde ich, daß sich nichts daran geändert hat. Von einer einzigen Ausnahme, die eben den Einfluß der Psychoanalyse bezeugt, darf ich ja bei dieser Behauptung absehen. Ich sehe, daß man sich besonders darum bemüht, den Begriff der Suggestion korrekt zu formulieren, also den Gebrauch des Namens konventionell festzulegen, und dies ist nicht überflüssig, denn das Wort geht einer immer weiteren Verwendung mit aufgelockerter Bedeutung entgegen und wird bald jede beliebige Beeinflussung bezeichnen wie im Englischen, wo *„to suggest, Suggestion“* unserem „Nahelegen“, unserer „Anregung“ entspricht. Aber über das Wesen der Suggestion, das heißt über die Bedingungen, unter denen sich Beeinflussungen ohne zureichende logische Begründung herstellen, hat sich eine Aufklärung nicht ergeben. Ich würde mich der Aufgabe nicht entziehen, diese Behauptung durch die Analyse der Literatur dieser letzten dreißig Jahre zu erhärten, allein ich unterlasse es, weil mir bekannt ist, daß in meiner Nähe eine ausführliche Untersuchung vorbereitet wird, welche sich eben diese Aufgabe gestellt hat.

Anstatt dessen werde ich den Versuch machen, zur Aufklärung der Massenpsychologie den Begriff der *Libido* zu verwenden, der uns im Studium der Psychoneurosen so gute Dienste geleistet hat.

Libido ist ein Ausdruck aus der Affektivitätslehre. Wir heißen so die als quantitative Größe betrachtete – wenn auch derzeit nicht meßbare – Energie solcher Triebe, welche mit all dem zu tun haben, was man als Liebe zusammenfassen kann. Den Kern des von uns Liebe Geheißenen bildet natürlich, was man gemeinhin Liebe nennt und was die Dichter besingen, die Geschlechtsliebe mit dem Ziel der geschlechtlichen Vereinigung. Aber wir trennen davon nicht ab, was auch sonst an dem Namen Liebe Anteil hat, einerseits die Selbstliebe, anderseits die Eltern- und Kindesliebe, die Freundschaft und die allgemeine Menschenliebe, auch nicht die Hingebung an konkrete Gegenstände und an abstrakte Ideen. Unsere Rechtfertigung liegt darin, daß die psychoanalytische Untersuchung uns gelehrt hat, alle diese Strebungen seien der Ausdruck der nämlichen Triebregungen, die zwischen den Geschlechtern zur geschlechtlichen Vereinigung hindrängen, in anderen Verhältnissen zwar von diesem sexuellen Ziel abgedrängt oder in der Erreichung desselben aufgehalten werden, dabei aber doch immer genug von ihrem ursprünglichen Wesen bewahren, um ihre Identität kenntlich zu erhalten (Selbstaufopferung, Streben nach Annäherung).

Wir meinen also, daß die Sprache mit dem Wort „Liebe“ in seinen vielfältigen Anwendungen eine durchaus berechtigte Zusammenfassung geschaffen hat und daß wir nichts Besseres tun können, als dieselbe auch unseren wissenschaftlichen Erörterungen und Darstellungen zugrunde zu legen. Durch diesen Entschluß hat die Psychoanalyse einen Sturm von Entrüstung entfesselt, als ob sie sich einer frevelhaften Neuerung schuldig gemacht hätte. Und doch hat die Psychoanalyse mit dieser „erweiterten“ Auffassung der Liebe nichts Originelles geschaffen. Der „*Eros*“ des Philosophen Plato zeigt in seiner Herkunft, Leistung und Beziehung zur Geschlechtsliebe eine vollkommene Deckung mit der

Liebeskraft, der Libido der Psychoanalyse, wie Nachmansohn und Pfister im einzelnen dargelegt haben, und wenn der Apostel Paulus in dem berühmten Brief an die Korinther die Liebe über alles andere preist, hat er sie gewiß im nämlichen „erweiterten" Sinn verstanden, woraus nur zu lernen ist, daß die Menschen ihre großen Denker nicht immer ernst nehmen, auch wenn sie sie angeblich sehr bewundern.

Diese Liebestriebe werden nun in der Psychoanalyse *a potiori* und von ihrer Herkunft her Sexualtriebe geheißen. Die Mehrzahl der „Gebildeten" hat diese Namengebung als Beleidigung empfunden und sich für sie gerächt, indem sie der Psychoanalyse den Vorwurf des „Pansexualismus" entgegenschleuderte. Wer die Sexualität für etwas die menschliche Natur Beschämendes und Erniedrigendes hält, dem steht es ja frei, sich der vornehmeren Ausdrücke Eros und Erotik zu bedienen. Ich hätte es auch selbst von Anfang an so tun können und hätte mir dadurch viel Widerspruch erspart. Aber ich mochte es nicht, denn ich vermeide gern Konzessionen an die Schwachmütigkeit. Man kann nicht wissen, wohin man auf diesem Wege gerät; man gibt zuerst in Worten nach und dann allmählich auch in der Sache. Ich kann nicht finden, daß irgendein Verdienst daran ist, sich der Sexualität zu schämen; das griechische Wort Eros, das den Schimpf lindern soll, ist doch schließlich nichts anderes als die Übersetzung unseres deutschen Wortes Liebe, und endlich, wer warten kann, braucht keine Konzessionen zu machen.

Wir werden es also mit der Voraussetzung versuchen, daß Liebesbeziehungen (indifferent ausgedrückt: Gefühlsbindungen) auch das Wesen der Massenseele ausmachen. Erinnern wir uns daran, daß von solchen bei den Autoren nicht die Rede ist. Was ihnen entsprechen würde, ist offenbar hinter dem Schirm, der spanischen Wand, der Suggestion verborgen. Auf zwei flüchtige Gedanken stützen wir zunächst unsere Erwartung. Erstens, daß die Masse offenbar durch irgendeine Macht zusammengehalten wird. Welcher Macht könnte man aber diese Leistung eher zuschreiben als dem Eros, der alles in der Welt zusammenhält? Zweitens, daß man den Eindruck empfängt, wenn der Einzelne in der Masse seine Eigenart aufgibt und sich von den anderen suggerieren läßt, er tue es, weil ein Bedürfnis bei ihm besteht, eher im Einvernehmen mit ihnen als im Gegensatz zu ihnen zu sein, also vielleicht doch „ihnen zuliebe".

Kapitel V – Zwei künstliche Massen: Kirche und Heer

Aus der Morphologie der Massen rufen wir uns ins Gedächtnis, daß man sehr verschiedene Arten von Massen und gegensätzliche Richtungen in ihrer Ausbildung unterscheiden kann. Es gibt sehr flüchtige Massen und höchst dauerhafte; homogene, die aus gleichartigen Individuen bestehen, und nicht homogene; natürliche Massen und künstliche, die zu ihrem Zusammenhalt auch einen äußeren Zwang erfordern; primitive Massen und gegliederte, hochorganisierte. Aus Gründen aber, in welche die Einsicht noch verhüllt ist, möchten wir auf eine Unterscheidung besonderen Wert legen, die bei den Autoren eher zu wenig beachtet wird; ich meine die von führerlosen Massen und von solchen mit Führern. Und recht im Gegensatz zur gewohnten Übung soll unsere Untersuchung nicht eine relativ einfache Massenbildung zum Ausgangspunkt wählen, sondern an hochorganisierten, dauerhaften, künstlichen Massen beginnen. Die interessantesten Beispiele solcher Gebilde sind die Kirche, die Gemeinschaft der Gläubigen, und die Armee, das Heer.

Kirche und Heer sind künstliche Massen, das heißt es wird ein gewisser äußerer Zwang aufgewendet, um sie vor der Auflösung zu bewahren und Veränderungen in ihrer Struktur hintanzuhalten. Man wird in der Regel nicht befragt oder es wird einem nicht freigestellt, ob man in eine solche Masse eintreten will; der Versuch des Austrittes wird gewöhnlich verfolgt oder strenge bestraft oder ist an ganz bestimmte Bedingungen geknüpft. Warum diese Vergesellschaftungen so besonderer Sicherungen bedürfen, liegt unserem Interesse gegenwärtig ganz ferne. Uns zieht nur der eine Umstand an, daß man an diesen hochorganisierten, in solcher Weise vor dem Zerfall geschützten Massen mit großer Deutlichkeit gewisse Verhältnisse erkennt, die anderswo weit mehr verdeckt sind.

In der Kirche – wir können mit Vorteil die katholische Kirche zum Muster nehmen – gilt wie im Heer, so verschieden beide sonst sein mögen, die nämliche Vorspiegelung (Illusion), daß ein Oberhaupt da ist – in der katholischen Kirche Christus, in der Armee der Feldherr –, das alle Einzelnen der Masse mit der gleichen Liebe liebt. An dieser Illusion hängt alles; ließe man sie fallen, so zerfielen sofort, soweit der äußere Zwang es gestattete, Kirche wie Heer. Von Christus wird diese gleiche Liebe ausdrücklich ausgesagt: „Was ihr getan habt einem unter diesen meinen geringsten Brüdern, das habt ihr mir getan.“ Er steht zu den Einzelnen der gläubigen Masse im Verhältnis eines gütigen älteren Bruders, ist ihnen ein Vaterersatz. Alle Anforderungen an die Einzelnen leiten sich von dieser Liebe Christi ab. Ein demokratischer Zug geht durch die Kirche, eben weil vor Christus alle gleich sind, alle den gleichen Anteil an seiner Liebe haben. Nicht ohne tiefen Grund wird die Gleichartigkeit der christlichen Gemeinde mit einer Familie heraufbeschworen und nennen sich die Gläubigen Brüder in Christo, das heißt Brüder durch die Liebe, die Christus für sie hat. Es ist nicht zu bezweifeln, daß die Bindung jedes Einzelnen an Christus auch die Ursache ihrer Bindung untereinander ist. Ähnliches gilt für das Heer; der Feldherr ist der Vater, der alle seine Soldaten gleich liebt, und darum sind sie Kameraden untereinander. Das Heer unterscheidet sich strukturell von der Kirche darin, daß es aus einem Stufenbau von solchen Massen besteht. Jeder Hauptmann ist gleichsam der Feldherr und Vater seiner Abteilung, jeder Unteroffizier der seines Zuges. Eine ähnliche Hierarchie ist zwar auch in der Kirche ausgebildet, spielt aber in ihr nicht dieselbe ökonomische Rolle, da man Christus mehr Wissen und Bekümmern um die Einzelnen zuschreiben darf als dem menschlichen Feldherrn.

Gegen diese Auffassung der libidinösen Struktur einer Armee wird man mit Recht einwenden, daß die Ideen des Vaterlandes, des nationalen Ruhmes und andere, die für den Zusammenhalt der Armee so bedeutsam sind, hier keine Stelle gefunden haben. Die Antwort darauf lautet, dies sei ein anderer, nicht mehr so einfacher Fall von Massenbindung, und wie die Beispiele großer Heerführer, Caesar, Wallenstein, Napoleon, zeigen, sind solche Ideen für den Bestand einer Armee nicht unentbehrlich. Von dem möglichen Ersatz des Führers durch eine führende Idee und den Beziehungen zwischen beiden wird später kurz die Rede sein. Die Vernachlässigung dieses libidinösen Faktors in der Armee, auch dann, wenn er nicht der einzig wirksame ist, scheint nicht nur ein theoretischer Mangel, sondern auch eine praktische Gefahr. Der preußische Militarismus, der ebenso unpsychologisch war wie die deutsche Wissenschaft, hat dies vielleicht im großen Weltkrieg erfahren müssen. Die Kriegsneurosen, welche die deutsche Armee zersetzten, sind ja großenteils als Protest des Einzelnen gegen die ihm in der Armee zugemutete Rolle erkannt worden, und nach den Mitteilungen von E. Simmel (1918) darf man behaupten, daß die lieblose Behandlung des gemeinen Mannes durch seine Vorgesetzten obenan unter den Motiven der Erkrankung stand. Bei besserer Würdigung dieses Libidoanspruches hätten wahrscheinlich die phantastischen Versprechungen der 14 Punkte des amerikanischen Präsidenten nicht so leicht Glauben gefunden, und das großartige Instrument wäre den deutschen Kriegskünstlern nicht in der Hand zerbrochen.

Merken wir an, daß in diesen beiden künstlichen Massen jeder Einzelne einerseits an den Führer (Christus, Feldherrn), anderseits an die anderen Massenindividuen libidinös gebunden ist. Wie sich diese beiden Bindungen zueinander verhalten, ob sie gleichartig und gleichwertig sind und wie sie psychologisch zu beschreiben wären, das müssen wir einer späteren Untersuchung vorbehalten. Wir getrauen uns aber jetzt schon eines leisen Vorwurfes gegen die Autoren, daß sie die Bedeutung des Führers für die Psychologie der Masse nicht genügend gewürdigt haben, während uns die Wahl des ersten Untersuchungsobjekts in eine günstigere Lage gebracht hat. Es will uns scheinen, als befänden wir uns auf dem richtigen Weg, der die Haupterscheinung der Massenpsychologie, die Unfreiheit des Einzelnen in der Masse, aufklären kann. Wenn für jeden Einzelnen eine so ausgiebige Gefühlsbindung nach zwei Richtungen besteht, so wird es uns nicht schwer werden, aus diesem Verhältnis die beobachtete Veränderung und Einschränkung seiner Persönlichkeit abzuleiten.

Einen Wink ebendahin, das Wesen einer Masse bestehe in den in ihr vorhandenen libidinösen Bindungen, erhalten wir auch in dem Phänomen der Panik, welches am besten an militärischen Massen zu studieren ist. Eine Panik entsteht, wenn eine solche Masse sich zersetzt. Ihr Charakter ist, daß kein Befehl des Vorgesetzten mehr angehört wird und daß jeder für sich selbst sorgt ohne Rücksicht auf die anderen. Die gegenseitigen Bindungen haben aufgehört, und eine riesengroße, sinnlose Angst wird frei. Natürlich wird auch hier wieder der Einwand naheliegen, es sei vielmehr umgekehrt, indem die Angst so groß gewachsen sei, daß sie sich über alle Rücksichten und Bindungen hinaussetzen konnte. McDougall hat sogar (1920*a*, 24) den Fall der Panik (allerdings der nicht militärischen) als Musterbeispiel für die von ihm betonte Affektsteigerung durch Ansteckung („*primary induction*") verwertet. Allein diese rationelle Erklärungsweise geht hier doch ganz fehl. Es steht eben zur Erklärung, warum die Angst so riesengroß geworden ist. Die Größe der Gefahr kann nicht beschuldigt werden, denn dieselbe Armee, die jetzt der Panik verfällt, kann ähnlich große und größere Gefahren tadellos bestanden haben, und es gehört geradezu zum Wesen der Panik, daß sie nicht im Verhältnis zur drohenden Gefahr steht, oft bei den nichtigsten Anlässen ausbricht. Wenn der Einzelne in panischer Angst für sich selbst zu sorgen unternimmt, so bezeugt er damit die Einsicht, daß die affektiven Bindungen aufgehört haben, die bis dahin die Gefahr für ihn herabsetzten. Nun, da er der Gefahr allein entgegensteht, darf er sie allerdings höher einschätzen. Es verhält sich also so, daß die panische Angst die Lockerung in der libidinösen Struktur der Masse voraussetzt und in berechtigter Weise auf sie reagiert, nicht umgekehrt, daß die Libidobindungen der Masse an der Angst vor der Gefahr zugrunde gegangen wären.

Mit diesen Bemerkungen wird der Behauptung, daß die Angst in der Masse durch Induktion (Ansteckung) ins Ungeheure wachse, keineswegs widersprochen. Die McDougallsche Auffassung ist durchaus zutreffend für den Fall, daß die Gefahr eine real große ist und daß in der Masse keine starken Gefühlsbindungen bestehen, Bedingungen, die verwirklicht werden, wenn zum Beispiel in einem Theater oder Vergnügungslokal Feuer ausbricht. Der lehrreiche und für unsere Zwecke verwertete Fall ist der oben erwähnte, daß ein Heereskörper in Panik gerät, wenn die Gefahr nicht über das gewohnte und oftmals gut vertragene Maß hinaus gesteigert ist. Man wird nicht erwarten dürfen, daß der Gebrauch des Wortes „Panik“ scharf und eindeutig bestimmt sei. Manchmal bezeichnet man so jede Massenangst, andere Male auch die Angst eines Einzelnen, wenn sie über jedes Maß hinausgeht, häufig scheint der Name für den Fall reserviert, daß der Angstausbruch durch den Anlaß nicht gerechtfertigt wird.

Nehmen wir das Wort „Panik“ im Sinne der Massenangst, so können wir eine weitgehende Analogie behaupten. Die Angst des Individuums wird hervorgerufen entweder durch die Größe der Gefahr oder durch das Auflassen von Gefühlsbindungen (Libidobesetzungen); der letztere Fall ist der der neurotischen Angst. Ebenso entsteht die Panik durch die Steigerung der alle betreffenden Gefahr oder durch das Aufhören der die Masse zusammenhaltenden Gefühlsbindungen, und dieser letzte Fall ist der neurotischen Angst analog. (Vgl. hiezu den gedankenreichen, etwas phantastischen Aufsatz von Bela v. Felszeghy: ›Panik und Pankomplex‹, 1920.)

Wenn man die Panik wie McDougall (1920*a*) als eine der deutlichsten Leistungen der *„group mind“* beschreibt, gelangt man zum Paradoxon, daß sich diese Massenseele in einer ihrer auffälligsten Äußerungen selbst aufhebt. Es ist kein Zweifel möglich, daß die Panik die Zersetzung der Masse bedeutet, sie hat das Aufhören aller Rücksichten zur Folge, welche sonst die Einzelnen der Masse füreinander zeigen.

Der typische Anlaß für den Ausbruch einer Panik ist so ähnlich, wie er in der Nestroyschen Parodie des Hebbelschen Dramas von Judith und Holofernes dargestellt wird. Da schreit ein Krieger: „Der Feldherr hat den Kopf verloren“, und darauf ergreifen alle Assyrer die Flucht. Der Verlust des Führers in irgendeinem Sinne, das Irrewerden an ihm, bringt die Panik bei gleichbleibender Gefahr zum Ausbruch; mit der Bindung an den Führer schwinden – in der Regel – auch die gegenseitigen Bindungen der Massenindividuen. Die Masse zerstiebt wie ein Bologneser Fläschchen, dem man die Spitze abgebrochen hat.

Die Zersetzung einer religiösen Masse ist nicht so leicht zu beobachten. Vor kurzem geriet mir ein von katholischer Seite stammender, vom Bischof von London empfohlener englischer Roman in die Hand mit dem Titel: *When it was Dark*, der eine solche Möglichkeit und ihre Folgen in geschickter und, wie ich meine, zutreffender Weise ausmalte. Der Roman erzählt wie aus der Gegenwart, daß es einer Verschwörung von Feinden der Person Christi und des christlichen Glaubens gelingt, eine Grabkammer in Jerusalem auffinden zu lassen, in deren Inschrift Josef von Arimathäa bekennt, daß er aus Gründen der Pietät den Leichnam Christi am dritten Tag nach seiner Beisetzung heimlich aus seinem Grabe entfernt und hier bestattet habe. Damit ist die Auferstehung Christi und seine göttliche Natur abgetan, und die Folge dieser archäologischen Entdeckung ist eine Erschütterung der europäischen Kultur und eine außerordentliche Zunahme aller Gewalttaten und Verbrechen, die erst schwindet, nachdem das Komplott der Fälscher enthüllt werden kann.

Was bei der hier angenommenen Zersetzung der religiösen Masse zum Vorschein kommt, ist nicht Angst, für welche der Anlaß fehlt, sondern rücksichtslose und feindselige Impulse gegen andere Personen, die sich bis dahin dank der gleichen Liebe Christi nicht äußern konnten. Außerhalb dieser Bindung stehen aber auch während des Reiches Christi jene Individuen, die nicht zur Glaubensgemeinschaft gehören, die ihn nicht lieben und die er nicht liebt; darum muß eine Religion, auch wenn sie sich die Religion der Liebe heißt, hart und lieblos gegen diejenigen sein, die ihr nicht angehören. Im Grunde ist ja jede Religion eine solche Religion der Liebe für alle, die sie umfaßt, und jeder liegt Grausamkeit und Intoleranz gegen die Nichtdazugehörigen nahe. Man darf, so schwer es einem auch persönlich fällt, den Gläubigen daraus keinen zu argen Vorwurf machen; Ungläubige und Indifferente haben es in diesem Punkte psychologisch um so viel leichter. Wenn diese Intoleranz sich heute nicht mehr so gewalttätig und grausam kundgibt wie in früheren Jahrhunderten, so wird man daraus kaum auf eine Milderung in den Sitten der Menschen schließen dürfen. Weit eher ist die Ursache davon in der unleugbaren Abschwächung der religiösen Gefühle und der von ihnen abhängigen libidinösen Bindungen zu suchen. Wenn eine andere Massenbindung an die Stelle der religiösen tritt, wie es jetzt der sozialistischen zu gelingen scheint, so wird sich dieselbe Intoleranz gegen die Außenstehenden ergeben wie im Zeitalter der Religionskämpfe, und wenn die Differenzen wissenschaftlicher Anschauungen je eine ähnliche Bedeutung für die Massen gewinnen könnten, würde sich dasselbe Resultat auch für diese Motivierung wiederholen.

Kapitel VI – Weitere Aufgaben und Arbeitsrichtungen

Wir haben bisher zwei artifizielle Massen untersucht und gefunden, daß sie von zweierlei Gefühlsbindungen beherrscht werden, von denen die eine an den Führer – wenigstens für sie – bestimmender zu sein scheint als die andere, die der Massenindividuen aneinander.

Nun gäbe es in der Morphologie der Massen noch viel zu untersuchen und zu beschreiben. Man hätte von der

Feststellung auszugehen, daß eine bloße Menschenmenge noch keine Masse ist, solange sich jene Bindungen in ihr nicht hergestellt haben, hätte aber das Zugeständnis zu machen, daß in einer beliebigen Menschenmenge sehr leicht die Tendenz zur Bildung einer psychologischen Masse hervortritt. Man müßte den verschiedenartigen, mehr oder minder beständigen Massen, die spontan zustande kommen, Aufmerksamkeit schenken, die Bedingungen ihrer Entstehung und ihres Zerfalls studieren. Vor allem würde uns der Unterschied zwischen Massen, die einen Führer haben, und führerlosen Massen beschäftigen. Ob nicht die Massen mit Führer die ursprünglicheren und vollständigeren sind, ob in den anderen der Führer nicht durch eine Idee, ein Abstraktum ersetzt sein kann, wozu ja schon die religiösen Massen mit ihrem unaufzeigbaren Oberhaupt die Überleitung bilden, ob nicht eine gemeinsame Tendenz, ein Wunsch, an dem eine Vielheit Anteil nehmen kann, den nämlichen Ersatz leistet. Dieses Abstrakte könnte sich wiederum mehr oder weniger vollkommen in der Person eines gleichsam sekundären Führers verkörpern, und aus der Beziehung zwischen Idee und Führer ergäben sich interessante Mannigfaltigkeiten. Der Führer oder die führende Idee könnten auch sozusagen negativ werden; der Haß gegen eine bestimmte Person oder Institution könnte ebenso einigend wirken und ähnliche Gefühlsbindungen hervorrufen wie die positive Anhänglichkeit. Es fragt sich dann auch, ob der Führer für das Wesen der Masse wirklich unerläßlich ist und anderes mehr.

Aber all diese Fragen, die zum Teil auch in der Literatur der Massenpsychologie behandelt sein mögen, werden nicht imstande sein, unser Interesse von den psychologischen Grundproblemen abzulenken, die uns in der Struktur einer Masse geboten werden. Wir werden zunächst von einer Überlegung gefesselt, die uns auf dem kürzesten Weg den Nachweis verspricht, daß es Libidobindungen sind, welche eine Masse charakterisieren.

Wir halten uns vor, wie sich die Menschen im allgemeinen affektiv zueinander verhalten. Nach dem berühmten Schopenhauerschen Gleichnis von den frierenden Stachelschweinen verträgt keiner eine allzu intime Annäherung des anderen.

Nach dem Zeugnis der Psychoanalyse enthält fast jedes intime Gefühlsverhältnis zwischen zwei Personen von längerer Dauer – Ehebeziehung, Freundschaft, Eltern- und Kindschaft – einen Bodensatz von ablehnenden, feindseligen Gefühlen, der nur infolge von Verdrängung der Wahrnehmung entgeht. Unverhüllter ist es, wenn jeder Kompagnon mit seinem Gesellschafter hadert, jeder Untergebene gegen seinen Vorgesetzten murrt. Dasselbe geschieht dann, wenn die Menschen zu größeren Einheiten zusammentreten. Jedesmal, wenn sich zwei Familien durch eine Eheschließung verbinden, hält sich jede von ihnen für die bessere oder vornehmere auf Kosten der anderen. Von zwei benachbarten Städten wird jede zur mißgünstigen Konkurrentin der anderen; jedes Kantönli sieht geringschätzig auf das andere herab. Nächstverwandte Völkerstämme stoßen einander ab, der Süddeutsche mag den Norddeutschen nicht leiden, der Engländer sagt dem Schotten alles Böse nach, der Spanier verachtet den Portugiesen. Daß bei größeren Differenzen sich eine schwer zu überwindende

Abneigung ergibt, des Galliers gegen den Germanen, des Ariers gegen den Semiten, des Weißen gegen den Farbigen, hat aufgehört, uns zu verwundern.

Wenn sich die Feindseligkeit gegen sonst geliebte Personen richtet, bezeichnen wir es als Gefühlsambivalenz und erklären uns diesen Fall in sicherlich allzu rationeller Weise durch die vielfachen Anlässe zu Interessenkonflikten, die sich gerade in so intimen Beziehungen ergeben. In den unverhüllt hervortretenden Abneigungen und Abstoßungen gegen nahestehende Fremde können wir den Ausdruck einer Selbstliebe, eines Narzißmus, erkennen, der seine Selbstbehauptung anstrebt und sich so benimmt, als ob das Vorkommen einer Abweichung von seinen individuellen Ausbildungen eine Kritik derselben und eine Aufforderung, sie umzugestalten, mit sich brächte. Warum sich eine so große Empfindlichkeit gerade auf diese Einzelheiten der Differenzierung geworfen haben sollte, wissen wir nicht; es ist aber unverkennbar, daß sich in diesem Verhalten der Menschen eine Haßbereitschaft, eine Aggressivität kundgibt, deren Herkunft unbekannt ist und der man einen elementaren Charakter zusprechen möchte.

Aber all diese Intoleranz schwindet, zeitweilig oder dauernd, durch die Massenbildung und in der Masse. Solange die Massenbildung anhält oder soweit sie reicht, benehmen sich die Individuen, als wären sie gleichförmig, dulden sie die Eigenart des anderen, stellen sich ihm gleich und verspüren kein Gefühl der Abstoßung gegen ihn. Eine solche Einschränkung des Narzißmus kann nach unseren theoretischen Anschauungen nur durch ein Moment erzeugt werden, durch libidinöse Bindung an andere Personen. Die Selbstliebe findet nur an der Fremdliebe, Liebe zu Objekten, eine Schranke. Man wird sofort die Frage aufwerfen, ob nicht die Interessengemeinschaft an und für sich und ohne jeden libidinösen Beitrag zur Duldung des anderen und zur Rücksichtnahme auf ihn führen muß. Man wird diesem Einwand mit dem Bescheid begegnen, daß auf solche Weise eine bleibende Einschränkung des Narzißmus doch nicht zustande kommt, da diese Toleranz nicht länger anhält als der unmittelbare Vorteil, den man aus der Mitarbeit des anderen zieht. Allein der praktische Wert dieser Streitfrage ist geringer, als man meinen sollte, denn die Erfahrung hat gezeigt, daß sich im Falle der Mitarbeiterschaft regelmäßig libidinöse Bindungen zwischen den Kameraden herstellen, welche die Beziehung zwischen ihnen über das Vorteilhafte hinaus verlängern und fixieren. Es geschieht in den sozialen Beziehungen der Menschen dasselbe, was der psychoanalytischen Forschung in dem Entwicklungsgang der individuellen Libido bekannt geworden ist. Die Libido lehnt sich an die Befriedigung der großen Lebensbedürfnisse an und wählt die daran beteiligten Personen zu ihren ersten Objekten. Und wie beim Einzelnen, so hat auch in der Entwicklung der ganzen Menschheit nur die Liebe als Kulturfaktor im Sinne einer Wendung vom Egoismus zum Altruismus gewirkt. Und zwar sowohl die geschlechtliche Liebe zum Weibe mit all den aus ihr fließenden Nötigungen, das zu verschonen, was dem Weibe lieb war, als auch die desexualisierte, sublimiert homosexuelle Liebe zum anderen Manne, die sich an die gemeinsame Arbeit knüpfte.

Wenn also in der Masse Einschränkungen der narzißtischen Eigenliebe auftreten, die außerhalb derselben nicht wirken, so ist dies ein zwingender Hinweis darauf, daß das Wesen der Massenbildung in neuartigen libidinösen Bindungen der Massenmitglieder aneinander besteht.

Nun wird aber unser Interesse dringend fragen, welcher Art diese Bindungen in der Masse sind. In der psychoanalytischen Neurosenlehre haben wir uns bisher fast ausschließlich mit der Bindung solcher Liebestriebe an ihre Objekte beschäftigt, die noch direkte Sexualziele verfolgen. Um solche Sexualziele kann es sich in der Masse offenbar nicht handeln. Wir haben es hier mit Liebestrieben zu tun, die, ohne darum minder energisch zu wirken, doch von ihren ursprünglichen Zielen abgelenkt sind. Nun haben wir bereits im Rahmen der gewöhnlichen sexuellen Objektbesetzung Erscheinungen bemerkt, die einer Ablenkung des Triebes von seinem Sexualziel entsprechen. Wir haben sie als Grade von Verliebtheit beschrieben und erkannt, daß sie eine gewisse Beeinträchtigung des Ichs mit sich bringen. Diesen Erscheinungen der Verliebtheit werden wir jetzt eingehendere Aufmerksamkeit zuwenden, in der begründeten Erwartung, an ihnen Verhältnisse zu finden, die sich auf die Bindungen in den Massen übertragen lassen. Außerdem möchten wir aber wissen, ob diese Art der Objektbesetzung, wie wir sie aus dem Geschlechtsleben kennen, die einzige Weise der Gefühlsbindung an eine andere Person darstellt oder ob wir noch andere solche Mechanismen in Betracht zu ziehen haben. Wir erfahren tatsächlich aus der Psychoanalyse, daß es noch andere Mechanismen der Gefühlsbindung gibt, die sogenannten *Identifizierungen*, ungenügend bekannte, schwer darzustellende Vorgänge, deren Untersuchung uns nun eine gute Weile vom Thema der Massenpsychologie fernhalten wird.

Kapitel VII – Die Identifizierung

Die Identifizierung ist der Psychoanalyse als früheste Äußerung einer Gefühlsbindung an eine andere Person bekannt. Sie spielt in der Vorgeschichte des Ödipuskomplexes eine Rolle. Der kleine Knabe legt ein besonderes Interesse für seinen Vater an den Tag, er möchte so werden und so sein wie er, in allen Stücken an seine Stelle treten. Sagen wir ruhig: er nimmt den Vater zu seinem Ideal. Dies Verhalten hat nichts mit einer passiven oder femininen Einstellung zum Vater (und zum Manne überhaupt) zu tun, es ist vielmehr exquisit männlich. Es verträgt sich sehr wohl mit dem Ödipuskomplex, den es vorbereiten hilft.

Gleichzeitig mit dieser Identifizierung mit dem Vater, vielleicht sogar vorher, hat der Knabe begonnen, eine richtige Objektbesetzung der Mutter nach dem Anlehnungstypus vorzunehmen. Er zeigt also dann zwei psychologisch verschiedene Bindungen, zur Mutter eine glatt sexuelle Objektbesetzung, zum Vater eine vorbildliche Identifizierung. Die beiden bestehen eine Weile nebeneinander, ohne gegenseitige Beeinflussung oder Störung. Infolge der unaufhaltsam fortschreitenden Vereinheitlichung des Seelenlebens treffen sie sich endlich, und durch dies Zusammenströmen entsteht der normale Ödipuskomplex. Der Kleine merkt, daß ihm der Vater bei der Mutter im Wege steht;

seine Identifizierung mit dem Vater nimmt jetzt eine feindselige Tönung an und wird mit dem Wunsch identisch, den Vater auch bei der Mutter zu ersetzen. Die Identifizierung ist eben von Anfang an ambivalent, sie kann sich ebenso zum Ausdruck der Zärtlichkeit wie zum Wunsch der Beseitigung wenden. Sie benimmt sich wie ein Abkömmling der ersten *oralen* Phase der Libidoorganisation, in welcher man sich das begehrte und geschätzte Objekt durch Essen einverleibte und es dabei als solches vernichtete. Der Kannibale bleibt bekanntlich auf diesem Standpunkt stehen; er hat seine Feinde zum Fressen lieb, und er frißt die nicht, die er nicht irgendwie liebhaben kann.

Das Schicksal dieser Vateridentifizierung verliert man später leicht aus den Augen. Es kann dann geschehen, daß der Ödipuskomplex eine Umkehrung erfährt, daß der Vater in femininer Einstellung zum Objekte genommen wird, von dem die direkten Sexualtriebe ihre Befriedigung erwarten, und dann ist die Vateridentifizierung zum Vorläufer der Objektbindung an den Vater geworden. Dasselbe gilt mit den entsprechenden Ersetzungen auch für die kleine Tochter.

Es ist leicht, den Unterschied einer solchen Vateridentifizierung von einer Vaterobjektwahl in einer Formel auszusprechen. Im ersten Falle ist der Vater das, was man *sein*, im zweiten das, was man *haben* möchte. Es ist also der Unterschied, ob die Bindung am Subjekt oder am Objekt des Ichs angreift. Die erstere ist darum bereits vor jeder sexuellen Objektwahl möglich. Es ist weit schwieriger, diese Verschiedenheit metapsychologisch anschaulich darzustellen. Man erkennt nur, die Identifizierung strebt danach, das eigene

Ich ähnlich zu gestalten wie das andere, zum „Vorbild“ genommene.

Aus einem verwickelteren Zusammenhange lösen wir die Identifizierung bei einer neurotischen Symptombildung. Das kleine Mädchen, an das wir uns jetzt halten wollen, bekomme dasselbe Leidenssymptom wie seine Mutter, zum Beispiel denselben quälenden Husten. Das kann nun auf verschiedenen Wegen zugehen. Entweder ist die Identifizierung dieselbe aus dem Ödipuskomplex, die ein feindseliges Ersetzenwollen der Mutter bedeutet, und das Symptom drückt die Objektliebe zum Vater aus; es realisiert die Ersetzung der Mutter unter dem Einfluß des Schuldbewußtseins: Du hast die Mutter sein wollen, jetzt bist du's wenigstens im Leiden. Das ist dann der komplette Mechanismus der hysterischen Symptombildung. Oder aber das Symptom ist dasselbe wie das der geliebten Person (so wie zum Beispiel Dora im ›Bruchstück einer Hysterie-Analyse‹ den Husten des Vaters imitiert); dann können wir den Sachverhalt nur so beschreiben, *die Identifizierung sei an Stelle der Objektwahl getreten, die Objektwahl sei zur Identifizierung regrediert*. Wir haben gehört, daß die Identifizierung die früheste und ursprünglichste Form der Gefühlsbindung ist; unter den Verhältnissen der Symptombildung, also der Verdrängung, und der Herrschaft der Mechanismen des Unbewußten kommt es oft vor, daß die Objektwahl wieder zur Identifizierung wird, also das Ich die Eigenschaften des Objektes an sich nimmt. Bemerkenswert ist es, daß das Ich bei diesen Identifizierungen das eine Mal die ungeliebte, das andere Mal aber die geliebte Person kopiert. Es muß uns auch auffallen, daß beide Male die Identifizierung eine partielle, höchst beschränkte ist, nur einen einzigen Zug von der Objektperson entlehnt.

Es ist ein dritter, besonders häufiger und bedeutsamer Fall der Symptombildung, daß die Identifizierung vom Objektverhältnis zur kopierten Person ganz absieht. Wenn zum Beispiel eines der Mädchen im Pensionat einen Brief vom geheim Geliebten bekommen hat, der ihre Eifersucht erregt und auf den sie mit einem hysterischen Anfall reagiert, so werden einige ihrer Freundinnen, die darum wissen, diesen Anfall übernehmen, wie wir sagen, auf dem Wege der psychischen Infektion. Der Mechanismus ist der der Identifizierung auf Grund des sich in dieselbe Lage Versetzenkönnens oder Versetzenwollens. Die anderen möchten auch ein geheimes Liebesverhältnis haben und akzeptieren unter dem Einfluß des Schuldbewußtseins auch das damit verbundene Leid. Es wäre unrichtig zu behaupten, sie eignen sich das Symptom aus Mitgefühl an. Im Gegenteil, das Mitgefühl entsteht erst aus der Identifizierung, und der Beweis hiefür ist, daß sich solche Infektion oder Imitation auch unter Umständen herstellt, wo noch geringere vorgängige Sympathie zwischen beiden anzunehmen ist, als unter Pensionsfreundinnen zu bestehen pflegt. Das eine Ich hat am anderen eine bedeutsame Analogie in einem Punkte wahrgenommen, in unserem Beispiel in der gleichen Gefühlsbereitschaft, es bildet sich daraufhin eine Identifizierung in diesem Punkte, und unter dem Einfluß der pathogenen Situation verschiebt sich diese Identifizierung zum Symptom, welches das eine Ich produziert hat. Die Identifizierung durch das Symptom wird so zum Anzeichen für eine Deckungsstelle der beiden Ich, die verdrängt gehalten werden soll.

Das aus diesen drei Quellen Gelernte können wir dahin zusammenfassen, daß erstens die Identifizierung die ursprünglichste Form der Gefühlsbindung an ein Objekt ist, zweitens, daß sie auf regressivem Wege zum Ersatz für eine libidinöse Objektbindung wird, gleichsam durch Introjektion des Objekts ins Ich, und daß sie drittens bei jeder neu wahrgenommenen Gemeinsamkeit mit einer Person, die nicht Objekt der Sexualtriebe ist, entstehen kann. Je bedeutsamer diese Gemeinsamkeit ist, desto erfolgreicher muß diese partielle Identifizierung werden können und so dem Anfang einer neuen Bindung entsprechen.

Wir ahnen bereits, daß die gegenseitige Bindung der Massenindividuen von der Natur einer solchen Identifizierung durch eine wichtige affektive Gemeinsamkeit ist, und können vermuten, diese Gemeinsamkeit liege in der Art der Bindung an den Führer. Eine andere Ahnung kann uns sagen, daß wir weit davon entfernt sind, das Problem der Identifizierung erschöpft zu haben, daß wir vor dem Vorgang stehen, den die Psychologie „Einfühlung" heißt und der den größten Anteil an unserem Verständnis für das Ichfremde anderer Personen hat. Aber wir wollen uns hier auf die nächsten affektiven Wirkungen der Identifizierung beschränken und auch ihre Bedeutung für unser intellektuelles Leben beiseite lassen.

Die psychoanalytische Forschung, die gelegentlich auch schon die schwierigeren Probleme der Psychosen in Angriff genommen hat, konnte uns auch die Identifizierung in einigen anderen Fällen aufzeigen, die unserem Verständnis nicht ohne weiteres zugänglich sind. Ich werde zwei dieser Fälle als Stoff für unsere weiteren Überlegungen ausführlich behandeln.

Die Genese der männlichen Homosexualität ist in einer großen Reihe von Fällen die folgende: Der junge Mann ist ungewöhnlich lange und intensiv im Sinne des Ödipuskomplexes an seine Mutter fixiert gewesen. Endlich kommt doch nach vollendeter Pubertät die Zeit, die Mutter gegen ein anderes Sexualobjekt zu vertauschen. Da geschieht eine plötzliche Wendung; der Jüngling verläßt nicht seine Mutter, sondern identifiziert sich mit ihr, er wandelt sich in sie um und sucht jetzt nach Objekten, die ihm sein Ich ersetzen können, die er so lieben und pflegen kann, wie er es von der Mutter erfahren hatte. Dies ist ein häufiger Vorgang, der beliebig oft bestätigt werden kann und natürlich ganz unabhängig von jeder Annahme ist, die man über die organische Triebkraft und die Motive jener plötzlichen Wandlung macht. Auffällig an dieser Identifizierung ist ihre Ausgiebigkeit, sie wandelt das Ich in einem höchst wichtigen Stück, im Sexualcharakter, nach dem Vorbild des bisherigen Objekts um. Dabei wird das Objekt selbst aufgegeben; ob durchaus oder nur in dem Sinne, daß es im Unbewußten erhalten bleibt, steht hier außer Diskussion. Die Identifizierung mit dem aufgegebenen oder verlorenen Objekt zum Ersatz desselben, die Introjektion dieses Objekts ins Ich, ist für uns allerdings keine Neuheit mehr. Ein solcher Vorgang läßt sich gelegentlich am kleinen Kind unmittelbar beobachten. Kürzlich wurde in der *Internationalen Zeitschrift für Psychoanalyse* eine solche Beobachtung veröffentlicht, daß ein Kind, das unglücklich über den Verlust eines Kätzchens war, frischweg erklärte, es sei jetzt selbst das Kätzchen, dementsprechend auf allen Vieren kroch, nicht am Tische essen wollte usw..

Ein anderes Beispiel von solcher Introjektion des Objekts hat uns die Analyse der Melancholie gegeben, welche Affektion ja den realen oder affektiven Verlust des geliebten Objekts unter ihre auffälligsten Veranlassungen zählt. Ein Hauptcharakter dieser Fälle ist die grausame Selbstherabsetzung des Ichs in Verbindung mit schonungsloser Selbstkritik und bitteren Selbstvorwürfen. Analysen haben ergeben, daß diese Einschätzung und diese Vorwürfe im Grunde dem Objekt gelten und die Rache des Ichs an diesem darstellen. Der Schatten des Objekts ist auf das Ich gefallen, sagte ich an anderer Stelle. Die Introjektion des Objekts ist hier von unverkennbarer Deutlichkeit.

Diese Melancholien zeigen uns aber noch etwas anderes, was für unsere späteren Betrachtungen wichtig werden kann. Sie zeigen uns das Ich geteilt, in zwei Stücke zerfällt, von denen das eine gegen das andere wütet. Dies andere Stück ist das durch Introjektion veränderte, das das verlorene Objekt einschließt. Aber auch das Stück, das sich so grausam betätigt, ist uns nicht unbekannt. Es schließt das Gewissen ein, eine kritische Instanz im Ich, die sich auch in normalen Zeiten dem Ich kritisch gegenübergestellt hat, nur niemals so unerbittlich und so ungerecht. Wir haben schon bei früheren Anlässen die Annahme machen müssen (›Narzißmus‹, ›Trauer und Melancholie‹), daß sich in unserem Ich eine solche Instanz entwickelt, welche sich vom anderen Ich absondern und in

Konflikte mit ihm geraten kann. Wir nannten sie das „Ichideal" und schrieben ihr an Funktionen die Selbstbeobachtung, das moralische Gewissen, die Traumzensur und den Haupteinfluß bei der Verdrängung zu. Wir sagten, sie sei der Erbe des ursprünglichen Narzißmus, in dem das kindliche Ich sich selbst genügte. Allmählich nehme sie aus den Einflüssen der Umgebung die Anforderungen auf, die diese an das Ich stelle, denen das Ich nicht immer nachkommen könne, so daß der Mensch, wo er mit seinem Ich selbst nicht zufrieden sein kann, doch seine Befriedigung in dem aus dem Ich differenzierten Ichideal finden dürfe. Im Beobachtungswahn, stellten wir ferner fest, werde der Zerfall dieser Instanz offenkundig und dabei ihre Herkunft aus den Einflüssen der Autoritäten, voran der Eltern, aufgedeckt. „Wir haben aber nicht vergessen anzuführen, daß das Maß der Entfernung dieses Ichideals vom aktuellen Ich für das einzelne Individuum sehr variabel ist und daß bei vielen diese Differenzierung innerhalb des Ichs nicht weiter reicht als beim Kinde.

Ehe wir aber diesen Stoff zum Verständnis der libidinösen Organisation einer Masse verwenden können, müssen wir einige andere Wechselbeziehungen zwischen Objekt und Ich in Betracht ziehen.

Kapitel VIII – Verliebtheit und Hypnose

Der Sprachgebrauch bleibt selbst in seinen Launen irgendeiner Wirklichkeit treu. So nennt er zwar sehr mannigfaltige Gefühlsbeziehungen „Liebe", die auch wir theoretisch als Liebe zusammenfassen, zweifelt aber dann wieder, ob diese Liebe die eigentliche, richtige, wahre sei, und deutet so auf eine ganze Stufenleiter von Möglichkeiten innerhalb der Liebesphänomene hin. Es wird uns auch nicht schwer, dieselbe in der Beobachtung aufzufinden.

In einer Reihe von Fällen ist die Verliebtheit nichts anderes als Objektbesetzung von Seiten der Sexualtriebe zum Zwecke der direkten Sexualbefriedigung, die auch mit der Erreichung dieses Zieles erlischt; das ist das, was man die gemeine, sinnliche Liebe heißt. Aber wie bekannt, bleibt die libidinöse Situation selten so einfach. Die Sicherheit, mit der man auf das Wiedererwachen des eben erloschenen Bedürfnisses rechnen konnte, muß wohl das nächste Motiv gewesen sein, dem Sexualobjekt eine dauernde Besetzung zuzuwenden, es auch in den begierdefreien Zwischenzeiten zu „lieben".

Aus der sehr merkwürdigen Entwicklungsgeschichte des menschlichen Liebeslebens kommt ein zweites Moment hinzu. Das Kind hatte in der ersten, mit fünf Jahren meist schon abgeschlossenen Phase in einem Elternteil ein erstes Liebesobjekt gefunden, auf welches sich alle seine Befriedigung heischenden Sexualtriebe vereinigt hatten. Die dann eintretende Verdrängung erzwang den Verzicht auf die meisten dieser kindlichen Sexualziele und hinterließ eine tiefgreifende Modifikation des Verhältnisses zu den Eltern. Das Kind blieb fernerhin an die Eltern gebunden, aber mit Trieben, die man „zielgehemmte" nennen muß. Die Gefühle, die es von nun an für diese geliebten Personen empfindet, werden als „zärtliche" bezeichnet. Es ist bekannt, daß im Unbewußten die früheren „sinnlichen" Strebungen mehr oder minder stark erhalten bleiben, so daß die ursprüngliche Vollströmung in gewissem Sinne weiterbesteht.

Mit der Pubertät setzen bekanntlich neue, sehr intensive Strebungen nach den direkten Sexualzielen ein. In ungünstigen Fällen bleiben sie als sinnliche Strömung von den fortdauernden „zärtlichen" Gefühlsrichtungen geschieden. Man hat dann das Bild vor sich, dessen beide Ansichten von gewissen Richtungen der Literatur so gerne idealisiert werden. Der Mann zeigt schwärmerische Neigungen zu hochgeachteten Frauen, die ihn aber zum Liebesverkehr nicht reizen, und ist nur potent gegen andere Frauen, die er nicht „liebt", geringschätzt oder selbst verachtet. Häufiger indes gelingt dem Heranwachsenden ein gewisses Maß von Synthese der unsinnlichen, himmlischen und der sinnlichen, irdischen Liebe und ist sein Verhältnis zum Sexualobjekt durch das Zusammenwirken von ungehemmten mit zielgehemmten Trieben gekennzeichnet. Nach dem Beitrag der zielgehemmten Zärtlichkeitstriebe kann man die Höhe der Verliebtheit im Gegensatz zum bloß sinnlichen Begehren bemessen.

Im Rahmen dieser Verliebtheit ist uns von Anfang an das Phänomen der Sexualüberschätzung aufgefallen, die Tatsache, daß das geliebte Objekt eine gewisse Freiheit von der Kritik genießt, daß alle seine Eigenschaften höher eingeschätzt werden als die ungeliebter Personen oder als zu einer Zeit, da es nicht geliebt wurde. Bei einigermaßen wirksamer Verdrängung oder Zurücksetzung der sinnlichen Strebungen kommt die Täuschung zustande, daß das Objekt seiner seelischen Vorzüge wegen auch sinnlich geliebt wird, während umgekehrt erst das sinnliche Wohlgefallen ihm diese Vorzüge verliehen haben mag.

Das Bestreben, welches hier das Urteil fälscht, ist das der *Idealisierung*. Damit ist uns aber die Orientierung erleichtert; wir erkennen, daß das Objekt so behandelt wird wie das eigene Ich, daß also in der Verliebtheit ein größeres Maß narzißtischer Libido auf das Objekt überfließt. Bei manchen Formen der Liebeswahl wird es selbst augenfällig, daß das Objekt dazu dient, ein eigenes, nicht erreichtes Ichideal zu ersetzen. Man liebt es wegen der Vollkommenheiten, die man fürs eigene Ich angestrebt hat und die man sich nun auf diesem Umweg zur Befriedigung seines Narzißmus verschaffen möchte.

Nehmen Sexualüberschätzung und Verliebtheit noch weiter zu, so wird die Deutung des Bildes immer unverkennbarer. Die auf direkte Sexualbefriedigung drängenden Strebungen können nun ganz zurückgedrängt werden, wie es zum Beispiel regelmäßig bei der schwärmerischen Liebe des Jünglings geschieht; das Ich wird immer anspruchsloser, bescheidener, das Objekt immer großartiger, wertvoller; es gelangt schließlich in den Besitz der gesamten Selbstliebe des Ichs, so daß dessen Selbstaufopferung zur natürlichen Konsequenz wird. Das Objekt hat das Ich sozusagen aufgezehrt. Züge von Demut, Einschränkung des Narzißmus, Selbstschädigung sind in jedem Falle von Verliebtheit vorhanden; im extremen Falle werden sie nur gesteigert, und durch das Zurücktreten der sinnlichen Ansprüche bleiben sie allein herrschend.

Dies ist besonders leicht bei unglücklicher, unerfüllbarer Liebe der Fall, da bei jeder sexuellen Befriedigung doch die Sexualüberschätzung immer wieder eine Herabsetzung erfährt. Gleichzeitig mit dieser „Hingabe“ des Ichs an das Objekt, die sich von der sublimierten Hingabe an eine abstrakte Idee schon nicht mehr unterscheidet, versagen die dem Ichideal zugeteilten Funktionen gänzlich. Es schweigt die Kritik, die von dieser Instanz ausgeübt wird; alles, was das Objekt tut und fordert, ist recht und untadelhaft. Das Gewissen findet keine Anwendung auf alles, was zugunsten des Objektes geschieht; in der Liebesverblendung wird man reuelos zum Verbrecher. Die ganze Situation läßt sich restlos in eine Formel zusammenfassen: *Das Objekt hat sich an die Stelle des Ichideals gesetzt.*

Der Unterschied der Identifizierung von der Verliebtheit in ihren höchsten Ausbildungen, die man Faszination, verliebte Hörigkeit heißt, ist nun leicht zu beschreiben. Im ersteren Falle hat sich das Ich um die Eigenschaften des Objektes bereichert, sich dasselbe nach Ferenczis Ausdruck „introjiziert“; im zweiten Fall ist es verarmt, hat sich dem Objekt hingegeben, dasselbe an die Stelle seines wichtigsten Bestandteiles gesetzt. Indes merkt man bei näherer Erwägung bald, daß eine solche Darstellung Gegensätze vorspiegelt, die nicht bestehen. Es handelt sich ökonomisch nicht um Verarmung oder Bereicherung, man kann auch die extreme Verliebtheit so beschreiben, daß das Ich sich das Objekt introjiziert habe. Vielleicht trifft eine andere Unterscheidung eher das Wesentliche. Im Falle der Identifizierung ist das Objekt verlorengegangen oder aufgegeben worden; es wird dann im

Ich wieder aufgerichtet, das Ich verändert sich partiell nach dem Vorbild des verlorenen Objektes. Im anderen Falle ist das Objekt erhalten geblieben und wird als solches von Seiten und auf Kosten des Ichs überbesetzt. Aber auch hiegegen erhebt sich ein Bedenken. Steht es denn fest, daß die Identifizierung das Aufgeben der Objektbesetzung voraussetzt, kann es nicht Identifizierung bei erhaltenem Objekt geben? Und ehe wir uns in die Diskussion dieser heiklen Frage einlassen, kann uns bereits die Einsicht aufdämmern, daß eine andere Alternative das Wesen dieses Sachverhaltes in sich faßt, nämlich *ob das Objekt an die Stelle des Ichs oder des Ichideals gesetzt wird*.

Von der Verliebtheit ist offenbar kein weiter Schritt zur Hypnose. Die Übereinstimmungen beider sind augenfällig. Dieselbe demütige Unterwerfung, Gefügigkeit, Kritiklosigkeit gegen den Hypnotiseur wie gegen das geliebte Objekt. Dieselbe Aufsaugung der eigenen Initiative; kein Zweifel, der Hypnotiseur ist an die Stelle des Ichideals getreten. Alle Verhältnisse sind in der Hypnose nur noch deutlicher und gesteigerter, so daß es zweckmäßiger wäre, die Verliebtheit durch die Hypnose zu erläutern als umgekehrt. Der Hypnotiseur ist das einzige Objekt, kein anderes wird neben ihm beachtet. Daß das Ich traumhaft erlebt, was er fordert und behauptet, mahnt uns daran, daß wir verabsäumt haben, unter den Funktionen des Ichideals auch die Ausübung der Realitätsprüfung zu erwähnen. Kein Wunder, daß das Ich eine Wahrnehmung für real hält, wenn die sonst mit der Aufgabe der Realitätsprüfung betraute psychische Instanz sich für diese Realität einsetzt. Die völlige Abwesenheit von Strebungen mit ungehemmten Sexualzielen trägt zur extremen Reinheit der

Erscheinungen weiteres bei. Die hypnotische Beziehung ist eine uneingeschränkte verliebte Hingabe bei Ausschluß sexueller Befriedigung, während eine solche bei der Verliebtheit doch nur zeitweilig zurückgeschoben ist und als spätere Zielmöglichkeit im Hintergrunde verbleibt.

Anderseits können wir aber auch sagen, die hypnotische Beziehung sei – wenn dieser Ausdruck gestattet ist – eine Massenbildung zu zweien. Die Hypnose ist kein gutes Vergleichsobjekt mit der Massenbildung, weil sie vielmehr mit dieser identisch ist. Sie isoliert uns aus dem komplizierten Gefüge der Masse ein Element, das Verhalten des Massenindividuums zum Führer. Durch diese Einschränkung der Zahl scheidet sich die Hypnose von der Massenbildung, wie durch den Wegfall der direkt sexuellen Strebungen von der Verliebtheit. Sie hält insoferne die Mitte zwischen beiden.

Es ist interessant zu sehen, daß gerade die zielgehemmten Sexualstrebungen so dauerhafte Bindungen der Menschen aneinander erzielen. Dies versteht sich aber leicht aus der Tatsache, daß sie einer vollen Befriedigung nicht fähig sind, während ungehemmte Sexualstrebungen durch die Abfuhr bei der Erreichung des jedesmaligen Sexualzieles eine außerordentliche Herabsetzung erfahren. Die sinnliche Liebe ist dazu bestimmt, in der Befriedigung zu erlöschen; um andauern zu können, muß sie mit rein zärtlichen, das heißt zielgehemmten Komponenten von Anfang an versetzt sein oder eine solche Umsetzung erfahren.

Die Hypnose würde uns das Rätsel der libidinösen Konstitution einer Masse glatt lösen, wenn sie selbst nicht noch

Züge enthielte, die sich der bisherigen rationellen Aufklärung – als Verliebtheit bei Ausschluß direkt sexueller Strebungen – entziehen. Es ist noch vieles an ihr als unverstanden, als mystisch anzuerkennen. Sie enthält einen Zusatz von Lähmung aus dem Verhältnis eines Übermächtigen zu einem Ohnmächtigen, Hilflosen, was etwa zur Schreckhypnose der Tiere überleitet. Die Art, wie sie erzeugt wird, ihre Beziehung zum Schlaf, sind nicht durchsichtig, und die rätselhafte Auswahl von Personen, die sich für sie eignen, während andere sie gänzlich ablehnen, weist auf ein noch unbekanntes Moment hin, welches in ihr verwirklicht wird und das vielleicht erst die Reinheit der Libidoeinstellungen in ihr ermöglicht. Beachtenswert ist auch, daß häufig das moralische Gewissen der hypnotisierten Person sich selbst bei sonst voller suggestiver Gefügigkeit resistent zeigen kann. Aber das mag daher kommen, daß bei der Hypnose, wie sie zumeist geübt wird, ein Wissen erhalten geblieben sein kann, es handle sich nur um ein Spiel, eine unwahre Reproduktion einer anderen, weit lebenswichtigeren Situation.

Durch die bisherigen Erörterungen sind wir aber voll darauf vorbereitet, die Formel für die libidinöse Konstitution einer Masse anzugeben. Wenigstens einer solchen Masse, wie wir sie bisher betrachtet haben, die also einen Führer hat und nicht durch allzuviel „Organisation“ sekundär die Eigenschaften eines Individuums erwerben konnte. *Eine solche primäre Masse ist eine Anzahl von Individuen, die ein und dasselbe Objekt an die Stelle ihres Ichideals gesetzt und sich infolgedessen in ihrem Ich miteinander identifiziert haben.* Dies Verhältnis läßt eine graphische Darstellung zu:

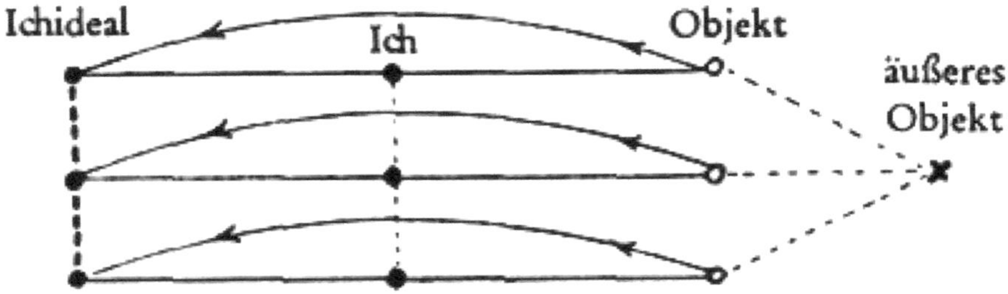

Kapitel IX – Der Herdentrieb

Wir werden uns nur kurze Zeit der Illusion freuen, durch diese Formel das Rätsel der Masse gelöst zu haben. Alsbald muß uns die Mahnung beunruhigen, daß wir ja im wesentlichen die Verweisung auf das Rätsel der Hypnose angenommen haben, an dem so vieles noch unerledigt ist. Und nun zeigt uns ein anderer Einwand den weiteren Weg.

Wir dürfen uns sagen, die ausgiebigen affektiven Bindungen, die wir in der Masse erkennen, reichen voll aus, um einen ihrer Charaktere zu erklären, den Mangel an Selbständigkeit und Initiative beim Einzelnen, die Gleichartigkeit seiner Reaktion mit der aller anderen, sein Herabsinken zum Massenindividuum sozusagen. Aber die Masse zeigt, wenn wir sie als Ganzes ins Auge fassen, mehr; die Züge von Schwächung der intellektuellen Leistung, von Ungehemmtheit der Affektivität, die Unfähigkeit zur Mäßigung und zum Aufschub, die Neigung zur Überschreitung aller Schranken in der Gefühlsäußerung und zur vollen Abfuhr derselben in Handlung, dies und alles Ähnliche, was wir bei Le Bon so eindrucksvoll geschildert finden, ergibt ein unverkennbares Bild von Regression der seelischen Tätigkeit auf eine frühere

Stufe, wie wir sie bei Wilden oder bei Kindern zu finden nicht erstaunt sind. Eine solche Regression gehört insbesondere zum Wesen der gemeinen Massen, während sie, wie wir gehört haben, bei hochorganisierten, künstlichen weitgehend hintangehalten werden kann.

Wir erhalten so den Eindruck eines Zustandes, in dem die vereinzelte Gefühlsregung und der persönliche intellektuelle Akt des Individuums zu schwach sind, um sich allein zur Geltung zu bringen, und durchaus auf Bekräftigung durch gleichartige Wiederholung von Seiten der anderen warten müssen. Wir werden daran erinnert, wieviel von diesen Phänomenen der Abhängigkeit zur normalen Konstitution der menschlichen Gesellschaft gehört, wie wenig Originalität und persönlicher Mut sich in ihr findet, wie sehr jeder Einzelne durch die Einstellungen einer Massenseele beherrscht wird, die sich als Rasseneigentümlichkeiten, Standesvorurteile, öffentliche Meinung und dergleichen kundgeben. Das Rätsel des suggestiven Einflusses vergrößert sich für uns, wenn wir zugeben, daß ein solcher nicht allein vom Führer, sondern auch von jedem Einzelnen auf jeden Einzelnen geübt wird, und wir machen uns den Vorwurf, daß wir die Beziehung zum Führer einseitig herausgehoben, den anderen Faktor der gegenseitigen Suggestion aber ungebührend zurückgedrängt haben.

Auf solche Weise zur Bescheidenheit gewiesen, werden wir geneigt sein, auf eine andere Stimme zu horchen, welche uns Erklärung auf einfacheren Grundlagen verspricht. Ich entnehme eine solche dem klugen Buch von W. Trotter über den Herdentrieb (1916), an dem ich nur bedauere, daß es sich den durch den letzten großen Krieg entfesselten Antipathien nicht ganz entzogen hat.

Trotter leitet die an der Masse beschriebenen seelischen Phänomene von einem Herdeninstinkt („*gregariousness*") ab, der dem Menschen wie anderen Tierarten angeboren zukommt. Diese Herdenhaftigkeit ist biologisch eine Analogie und gleichsam eine Fortführung der Vielzelligkeit, im Sinne der Libidotheorie eine weitere Äußerung der von der Libido ausgehenden Neigung aller gleichartigen Lebewesen, sich zu immer umfassenderen Einheiten zu vereinigen. Der Einzelne fühlt sich unvollständig („*incomplete*"), wenn er allein ist. Schon die Angst des kleinen Kindes sei eine Äußerung dieses Herdeninstinkts. Widerspruch gegen die Herde ist soviel wie Trennung von ihr und wird darum angstvoll vermieden. Die Herde lehnt aber alles Neue, Ungewohnte ab. Der Herdeninstinkt sei etwas Primäres, nicht weiter Zerlegbares („*which cannot be split up*").

Trotter gibt als die Reihe der von ihm als primär angenommenen Triebe (oder Instinkte): den Selbstbehauptungs-, Ernährungs-, Geschlechts- und Herdentrieb. Der letztere gerate oft in die Lage, sich den anderen gegenüberzustellen. Schuldbewußtsein und Pflichtgefühl seien die charakteristischen Besitztümer eines „*gregarious animal*". Vom Herdeninstinkt läßt Trotter auch die verdrängenden Kräfte ausgehen, welche die Psychoanalyse im Ich aufgezeigt hat, und folgerichtig gleicherweise die Widerstände, auf welche der Arzt bei der psychoanalytischen Behandlung stößt. Die Sprache verdanke ihre Bedeutung ihrer Eignung zur gegenseitigen Verständigung in der Herde, auf ihr beruhe zum großen Teil die Identifizierung der Einzelnen miteinander.

Wie Le Bon vorwiegend die charakteristischen flüchtigen Massenbildungen und McDougall die stabilen Vergesellschaftungen, so hat Trotter die allgemeinsten Verbände, in denen der Mensch, dies ζῶον πολιτικόν lebt, in den Mittelpunkt seines Interesses gerückt und deren psychologische Begründung angegeben. Für Trotter bedarf es aber keiner Ableitung des Herdentriebes, da er ihn als primär und nicht weiter auflösbar bezeichnet. Seine Bemerkung, Boris Sidis leite den Herdentrieb von der Suggestibilität ab, ist zum Glück für ihn überflüssig; es ist eine Erklärung nach bekanntem, unbefriedigendem Muster, und die Umkehr dieses Satzes, also daß die Suggestibilität ein Abkömmling des Herdeninstinkts sei, erschiene mir bei weitem einleuchtender.

Aber gegen Trotters Darstellung läßt sich mit noch besserem Recht als gegen die anderen einwenden, daß sie auf die Rolle des Führers in der Masse zu wenig Rücksicht nimmt, während wir doch eher zum gegenteiligen Urteil neigen, daß das Wesen der Masse bei Vernachlässigung des Führers nicht zu begreifen sei. Der Herdeninstinkt läßt überhaupt für den Führer keinen Raum, dieser kommt nur so zufällig zur Herde hinzu, und im Zusammenhange damit steht, daß von diesem Trieb aus auch kein Weg zu einem Gottesbedürfnis führt; es fehlt der Hirt zur Herde. Außerdem aber kann man Trotters Darstellung psychologisch untergraben, das heißt man kann es zum mindesten wahrscheinlich machen, daß der Herdentrieb nicht unzerlegbar, nicht in dem Sinne primär ist wie der Selbsterhaltungstrieb und der Geschlechtstrieb.

Es ist natürlich nicht leicht, die Ontogenese des Herdentriebes zu verfolgen. Die Angst des kleinen Kindes, wenn es allein gelassen wird, die Trotter bereits als Äußerung des Triebes in Anspruch nehmen will, legt doch eine andere Deutung näher. Sie gilt der Mutter, später anderen vertrauten Personen, und ist der Ausdruck einer unerfüllten Sehnsucht, mit der das Kind noch nichts anderes anzufangen weiß, als sie in Angst zu verwandeln. Die Angst des einsamen kleinen Kindes wird auch nicht durch den Anblick eines beliebigen anderen „aus der Herde" beschwichtigt, sondern im Gegenteil durch das Hinzukommen eines solchen „Fremden" erst hervorgerufen. Dann merkt man beim Kinde lange nichts von einem Herdeninstinkt oder Massengefühl. Ein solches bildet sich zuerst in der mehrzähligen Kinderstube aus dem Verhältnis der Kinder zu den Eltern, und zwar als Reaktion auf den anfänglichen Neid, mit dem das ältere Kind das jüngere aufnimmt. Das ältere Kind möchte gewiß das nachkommende eifersüchtig verdrängen, von den Eltern fernhalten und es aller Anrechte berauben, aber angesichts der Tatsache, daß auch dieses Kind – wie alle späteren – in gleicher Weise von den Eltern geliebt wird, und infolge der Unmöglichkeit, seine feindselige Einstellung ohne eigenen Schaden festzuhalten, wird es zur Identifizierung mit den anderen Kindern gezwungen, und es bildet sich in der Kinderschar ein Massen- oder Gemeinschaftsgefühl, welches dann in der Schule seine weitere Entwicklung erfährt. Die erste Forderung dieser Reaktionsbildung ist die nach Gerechtigkeit, gleicher Behandlung für alle. Es ist bekannt, wie laut und unbestechlich sich dieser Anspruch in der Schule äußert. Wenn man schon selbst nicht der Bevorzugte sein kann, so soll doch wenigstens keiner von allen bevorzugt werden. Man könnte diese Umwandlung und Ersetzung der Eifersucht durch ein Massengefühl in Kinderstube und Schulzimmer für unwahrscheinlich halten, wenn man nicht den gleichen Vorgang später unter anderen Verhältnissen neuerlich beobachten würde. Man denke an die Schar von schwärmerisch verliebten Frauen und Mädchen, die den Sänger oder Pianisten nach seiner Produktion umdrängen. Gewiß läge es jeder von ihnen nahe, auf die andere eifersüchtig zu sein, allein angesichts ihrer Anzahl und der damit verbundenen Unmöglichkeit, das Ziel ihrer Verliebtheit zu erreichen, verzichten sie darauf, und anstatt sich gegenseitig die Haare auszuraufen, handeln sie wie eine einheitliche Masse, huldigen dem Gefeierten in gemeinsamen Aktionen und wären etwa froh, sich in seinen Lockenschmuck zu teilen. Sie haben sich, ursprünglich Rivalinnen, durch die gleiche Liebe zu dem nämlichen Objekt miteinander identifizieren können. Wenn eine Triebsituation, wie ja gewöhnlich, verschiedener Ausgänge fähig ist, so werden wir uns nicht verwundern, daß jener Ausgang zustande kommt, mit dem die Möglichkeit einer gewissen Befriedigung verbunden ist, während ein anderer, selbst ein näherliegender, unterbleibt, weil die realen Verhältnisse ihm die Erreichung dieses Zieles versagen.

Was man dann später in der Gesellschaft als Gemeingeist, *esprit de corps* usw. wirksam findet, verleugnet nicht seine Abkunft vom ursprünglichen Neid. Keiner soll sich hervortun wollen, jeder das gleiche sein und haben. Soziale Gerechtigkeit will bedeuten, daß man sich selbst vieles versagt, damit auch die anderen darauf verzichten müssen, oder was dasselbe ist, es nicht fordern können. Diese Gleichheitsforderung ist die Wurzel des sozialen Gewissens und des Pflichtgefühls. In unerwarteter Weise enthüllt sie sich in der Infektionsangst der Syphilitiker, die wir durch die Psychoanalyse verstehen gelernt haben. Die Angst dieser Armen entspricht ihrem heftigen Sträuben gegen den unbewußten Wunsch, ihre Infektion auf die anderen auszubreiten, denn warum sollten sie allein infiziert und von so vielem ausgeschlossen sein und die anderen nicht? Auch die schöne Anekdote vom Urteil Salomonis hat denselben Kern. Wenn der einen Frau das Kind gestorben ist, soll auch die andere kein lebendes haben. An diesem Wunsch wird die Verlustträgerin erkannt.

Das soziale Gefühl ruht also auf der Umwendung eines erst feindseligen Gefühls in eine positiv betonte Bindung von der Natur einer Identifizierung. Soweit wir den Hergang bis jetzt durchschauen können, scheint sich diese Umwendung unter dem Einfluß einer gemeinsamen zärtlichen Bindung an eine außer der Masse stehende Person zu vollziehen. Unsere Analyse der Identifizierung erscheint uns selbst nicht als erschöpfend, aber unserer gegenwärtigen Absicht genügt es, wenn wir auf den einen Zug, daß die konsequente Durchführung der Gleichstellung gefordert wird, zurückkommen. Wir haben bereits bei der Erörterung der beiden künstlichen Massen, Kirche und Armee, gehört, ihre Voraussetzung sei, daß alle von einem, dem Führer, in gleicher Weise geliebt werden. Nun vergessen wir aber nicht, daß die Gleichheitsforderung der Masse nur für die Einzelnen derselben, nicht für den Führer gilt. Alle Einzelnen sollen einander gleich sein, aber alle wollen sie von einem beherrscht werden. Viele Gleiche, die sich miteinander identifizieren können, und ein einziger ihnen allen Überlegener, das ist die Situation, die wir in der lebensfähigen Masse verwirklicht finden. Getrauen wir uns also, die Aussage Trotters, der Mensch sei ein *Herdentier*, dahin zu korrigieren, er sei vielmehr ein *Hordentier*, ein Einzelwesen einer von einem Oberhaupt angeführten Horde.

Kapitel X – Die Masse und die Urhorde

Im Jahre 1912 habe ich die Vermutung von Ch. Darwin aufgenommen, daß die Urform der menschlichen Gesellschaft die von einem starken Männchen unumschränkt beherrschte Horde war. Ich habe darzulegen versucht, daß die Schicksale dieser Horde unzerstörbare Spuren in der menschlichen Erbgeschichte hinterlassen haben, speziell, daß die Entwicklung des Totemismus, der die Anfänge von Religion, Sittlichkeit und sozialer Gliederung in sich faßt, mit der gewaltsamen Tötung des Oberhauptes und der Umwandlung der Vaterhorde in eine Brüdergemeinde zusammenhängt. Es ist dies zwar nur eine Hypothese wie so viele andere, mit denen die Prähistoriker das Dunkel der Urzeit aufzuhellen versuchen – eine *„just-so story“* nannte sie witzig ein nicht unliebenswürdiger englischer Kritiker –, aber ich meine, es ist ehrenvoll für eine solche Hypothese, wenn sie sich geeignet zeigt, Zusammenhang und Verständnis auf immer neuen Gebieten zu schaffen. Die menschlichen Massen zeigen uns wiederum das vertraute Bild des überstarken Einzelnen inmitten einer Schar von gleichen Genossen, das auch in unserer Vorstellung von der Urhorde enthalten ist. Die Psychologie dieser Masse, wie wir sie aus den oft erwähnten Beschreibungen kennen – der Schwund der bewußten Einzelpersönlichkeit, die Orientierung von Gedanken und Gefühlen nach gleichen Richtungen, die Vorherrschaft der Affektivität und des unbewußten Seelischen, die Tendenz zur unverzüglichen Ausführung auftauchender Absichten –, das alles entspricht einem Zustand von Regression zu einer primitiven Seelentätigkeit, wie man sie gerade der Urhorde zuschreiben möchte.

Die Masse erscheint uns so als ein Wiederaufleben der Urhorde. So wie der Urmensch in jedem Einzelnen virtuell erhalten ist, so kann sich aus einem beliebigen Menschenhaufen die Urhorde wieder herstellen; soweit die Massenbildung die Menschen habituell beherrscht, erkennen wir den Fortbestand der Urhorde in ihr. Wir müssen schließen, die Psychologie der Masse sei die älteste Menschenpsychologie; was wir unter Vernachlässigung aller Massenreste als Individualpsychologie isoliert haben, hat sich erst später, allmählich und sozusagen immer noch nur partiell aus der alten Massenpsychologie herausgehoben. Wir werden noch den Versuch wagen, den Ausgangspunkt dieser Entwicklung anzugeben.

Eine nächste Überlegung zeigt uns, in welchem Punkt diese Behauptung einer Berichtigung bedarf. Die Individualpsychologie muß vielmehr ebenso alt sein wie die Massenpsychologie, denn von Anfang an gab es zweierlei

Psychologien, die der Massenindividuen und die des Vaters, Oberhauptes, Führers. Die Einzelnen der Masse waren so gebunden, wie wir sie heute finden, aber der Vater der Urhorde war frei. Seine intellektuellen Akte waren auch in der Vereinzelung stark und unabhängig, sein Wille bedurfte nicht der Bekräftigung durch den anderer. Wir nehmen konsequenterweise an, daß sein Ich wenig libidinös gebunden war, er liebte niemand außer sich, und die anderen nur, insoweit sie seinen Bedürfnissen dienten. Sein Ich gab nichts Überschüssiges an die Objekte ab.

Zu Eingang der Menschheitsgeschichte war er der *Übermensch*, den Nietzsche erst von der Zukunft erwartete. Noch heute bedürfen die Massenindividuen der Vorspiegelung, daß sie in gleicher und gerechter Weise vom Führer geliebt werden, aber der Führer selbst braucht niemand anderen zu lieben, er darf von Herrennatur sein, absolut narzißtisch, aber selbstsicher und selbständig. Wir wissen, daß die Liebe den Narzißmus eindämmt, und könnten nachweisen, wie sie durch diese Wirkung Kulturfaktor geworden ist. Der Urvater der Horde war noch nicht unsterblich, wie er es später durch Vergottung wurde. Wenn er starb, mußte er ersetzt werden; an seine Stelle trat wahrscheinlich ein jüngster Sohn, der bis dahin Massenindividuum gewesen war wie ein anderer. Es muß also eine Möglichkeit geben, die Psychologie der Masse in Individualpsychologie umzuwandeln, es muß eine Bedingung gefunden werden, unter der sich solche Umwandlung leicht vollzieht, ähnlich wie es den Bienen möglich ist, aus einer Larve im Bedarfsfalle eine Königin anstatt einer Arbeiterin zu ziehen. Man kann sich da nur dies eine vorstellen: Der Urvater hatte seine Söhne an der Befriedigung ihrer direkten sexuellen Strebungen verhindert; er zwang sie zur Abstinenz und infolgedessen zu den Gefühlsbindungen an ihn und aneinander, die aus den Strebungen mit gehemmtem Sexualziel hervorgehen konnten. Er zwang sie sozusagen in die Massenpsychologie. Seine sexuelle Eifersucht und Intoleranz sind in letzter Linie die Ursache der Massenpsychologie geworden.

Für den, der sein Nachfolger wurde, war auch die Möglichkeit der sexuellen Befriedigung gegeben und damit der Austritt aus den Bedingungen der Massenpsychologie eröffnet. Die Fixierung der Libido an das Weib, die Möglichkeit der Befriedigung ohne Aufschub und Aufspeicherung machte der Bedeutung zielgehemmter Sexualstrebungen ein Ende und ließ den Narzißmus immer zur gleichen Höhe ansteigen. Auf diese Beziehung der Liebe zur Charakterbildung werden wir in einem Nachtrag zurückkommen.

Heben wir noch als besonders lehrreich hervor, in welcher Beziehung zur Konstitution der Urhorde die Veranstaltung steht, mittels derer – abgesehen von Zwangsmitteln – eine künstliche Masse zusammengehalten wird. Bei Heer und Kirche haben wir gesehen, es ist die Vorspiegelung, daß der Führer alle Einzelnen in gleicher und gerechter Weise liebt. Dies ist aber geradezu die idealistische Umarbeitung der Verhältnisse der Urhorde, in der sich alle Söhne in gleicher Weise vom Urvater verfolgt wußten und ihn in gleicher Weise fürchteten. Schon die nächste Form der menschlichen Sozietät, der totemistische Clan, hat diese Umformung, auf die alle sozialen Pflichten aufgebaut sind, zur Voraussetzung. Die unverwüstliche Stärke der Familie als einer natürlichen Massenbildung beruht darauf, daß diese notwendige Voraussetzung der gleichen Liebe des Vaters für sie wirklich zutreffen kann.

Aber wir erwarten noch mehr von der Zurückführung der Masse auf die Urhorde. Sie soll uns auch das noch Unverstandene, Geheimnisvolle an der Massenbildung näherbringen, das sich hinter den Rätselworten Hypnose und Suggestion verbirgt. Und ich meine, sie kann es auch leisten. Erinnern wir uns daran, daß die Hypnose etwas direkt Unheimliches an sich hat; der Charakter des Unheimlichen deutet aber auf etwas der Verdrängung verfallenes Altes und Wohlvertrautes hin. Denken wir daran, wie die Hypnose eingeleitet wird. Der Hypnotiseur behauptet im Besitz einer geheimnisvollen Macht zu sein, die dem Subjekt den eigenen Willen raubt, oder, was dasselbe ist, das Subjekt glaubt es von ihm. Diese geheimnisvolle Macht – populär noch oft als tierischer Magnetismus bezeichnet – muß dieselbe sein, welche den Primitiven als Quelle des Tabu gilt, dieselbe, die von Königen und Häuptlingen ausgeht und die es gefährlich macht, sich ihnen zu nähern (Mana). Im Besitz dieser Macht will nun der Hypnotiseur sein, und wie bringt er sie zur Erscheinung? Indem er die Person auffordert, ihm in die Augen zu sehen; er hypnotisiert in typischer Weise durch seinen Blick. Gerade der Anblick des Häuptlings ist aber für den Primitiven gefährlich und unerträglich, wie später der der Gottheit für den Sterblichen. Noch Moses muß den Mittelsmann zwischen seinem Volke und Jehova machen, da das Volk den Anblick Gottes nicht ertrüge, und wenn er von der Gegenwart Gottes zurückkehrt, strahlt sein Antlitz, ein Teil des „Mana“ hat sich wie beim Mittler der Primitiven auf ihn übertragen.

Man kann die Hypnose allerdings auch auf anderen Wegen hervorrufen, was irreführend ist und zu unzulänglichen physiologischen Theorien Anlaß gegeben hat, zum Beispiel durch das Fixieren eines glänzenden Gegenstandes oder durch das Horchen auf ein monotones Geräusch. In Wirklichkeit dienen diese Verfahren nur der Ablenkung und Fesselung der bewußten Aufmerksamkeit. Die Situation ist die nämliche, als ob der Hypnotiseur der Person gesagt hätte: „Nun beschäftigen Sie sich ausschließlich mit meiner Person, die übrige Welt ist ganz uninteressant.“ Gewiß wäre es technisch unzweckmäßig, wenn der Hypnotiseur eine solche Rede hielte; das Subjekt würde durch sie aus seiner unbewußten Einstellung gerissen und zum bewußten Widerspruch aufgereizt werden. Aber während der Hypnotiseur es vermeidet, das bewußte Denken des Subjekts auf seine Absichten zu richten, und die Versuchsperson sich in eine Tätigkeit versenkt, bei der ihr die Welt uninteressant vorkommen muß, geschieht es, daß sie unbewußt wirklich ihre ganze Aufmerksamkeit auf den Hypnotiseur konzentriert, sich in die Einstellung des Rapports, der Übertragung, zum Hypnotiseur begibt. Die indirekten Methoden des Hypnotisierens haben also, ähnlich wie manche Techniken des Witzes, den Erfolg, gewisse Verteilungen der seelischen Energie, welche den Ablauf des unbewußten Vorgangs stören würden, hintanzuhalten, und sie führen schließlich zum gleichen Ziel wie die direkten Beeinflussungen durch Anstarren oder Streichen.

Ferenczi (1909) hat richtig herausgefunden, daß sich der Hypnotiseur mit dem Schlafgebot, welches oft zur Einleitung der Hypnose gegeben wird, an die Stelle der Eltern setzt. Er meinte zwei Arten der Hypnose unterscheiden zu sollen, eine schmeichlerisch begütigende, die er dem Muttervorbild, und eine drohende, die er dem Vater zuschrieb. Nun bedeutet das Gebot zu schlafen in der Hypnose auch nichts anderes als die Aufforderung, alles Interesse von der Welt abzuziehen und auf die Person des Hypnotiseurs zu konzentrieren; es wird auch vom Subjekt so verstanden, denn in dieser Abziehung des Interesses von der Außenwelt liegt die psychologische Charakteristik des Schlafes, und auf ihr beruht die Verwandtschaft des Schlafes mit dem hypnotischen Zustand.

Durch seine Maßnahmen weckt also der Hypnotiseur beim Subjekt ein Stück von dessen archaischer Erbschaft, die auch den Eltern entgegenkam und im Verhältnis zum Vater eine individuelle Wiederbelebung erfuhr, die Vorstellung von einer übermächtigen und gefährlichen Persönlichkeit, gegen die man sich nur passiv-masochistisch einstellen konnte, an die man seinen Willen verlieren mußte und mit der allein zu sein, „ihr unter die Augen zu treten" ein bedenkliches Wagnis schien. Nur so etwa können wir uns das Verhältnis eines Einzelnen der Urhorde zum Urvater vorstellen. Wie wir aus anderen Reaktionen wissen, hat der Einzelne ein variables Maß von persönlicher Eignung zur Wiederbelebung solch alter Situationen bewahrt. Ein Wissen, daß die Hypnose doch nur ein Spiel, eine lügenhafte Erneuerung jener alten Eindrücke ist, kann aber erhalten bleiben und für den Widerstand gegen allzu ernsthafte Konsequenzen der hypnotischen Willensaufhebung sorgen.

Der unheimliche, zwanghafte Charakter der Massenbildung, der sich in ihren Suggestionserscheinungen zeigt, kann also wohl mit Recht auf ihre Abkunft von der Urhorde zurückgeführt werden. Der Führer der Masse ist noch immer der gefürchtete Urvater, die Masse will immer noch von unbeschränkter Gewalt beherrscht werden, sie ist im höchsten Grade autoritätssüchtig, hat nach Le Bons Ausdruck den Durst nach Unterwerfung. Der Urvater ist das Massenideal, das an Stelle des Ichideals das Ich beherrscht. Die Hypnose hat ein gutes Anrecht auf die Bezeichnung: eine Masse zu zweit; für die Suggestion erübrigt die Definition einer Überzeugung, die nicht auf Wahrnehmung und Denkarbeit, sondern auf erotische Bindung gegründet ist.

Kapitel XI – Eine Stufe im Ich

Wenn man, eingedenk der einander ergänzenden Beschreibungen der Autoren über Massenpsychologie, das Leben der heutigen Einzelmenschen überblickt, mag man vor den Komplikationen, die sich hier zeigen, den Mut zu einer zusammenfassenden Darstellung verlieren. Jeder Einzelne ist ein Bestandteil von vielen Massen, durch Identifizierung vielseitig gebunden und hat sein Ichideal nach den verschiedensten Vorbildern aufgebaut. Jeder Einzelne hat so Anteil an vielen Massenseelen, an der seiner Rasse, des Standes, der Glaubensgemeinschaft, der Staatlichkeit usw., und kann sich darüber hinaus zu einem Stückchen Selbständigkeit und

Originalität erheben. Diese ständigen und dauerhaften Massenbildungen fallen in ihren gleichmäßig anhaltenden Wirkungen der Beobachtung weniger auf als die rasch gebildeten, vergänglichen Massen, nach denen Le Bon die glänzende psychologische Charakteristik der Massenseele entworfen hat, und in diesen lärmenden, ephemeren, den anderen gleichsam superponierten Massen begibt sich eben das Wunder, daß dasjenige, was wir eben als die individuelle Ausbildung anerkannt haben, spurlos, wenn auch nur zeitweilig, untergeht.

Wir haben dies Wunder so verstanden, daß der Einzelne sein Ichideal aufgibt und es gegen das im Führer verkörperte Massenideal vertauscht. Das Wunder, dürfen wir berichtigend hinzufügen, ist nicht in allen Fällen gleich groß. Die Sonderung von Ich und Ichideal ist bei vielen Individuen nicht weit vorgeschritten, die beiden fallen noch leicht zusammen, das Ich hat sich oft die frühere narzißtische Selbstgefälligkeit bewahrt. Die Wahl des Führers wird durch dies Verhältnis sehr erleichtert. Er braucht oft nur die typischen Eigenschaften dieser Individuen in besonders scharfer und reiner Ausprägung zu besitzen und den Eindruck größerer Kraft und libidinöser Freiheit zu machen, so kommt ihm das Bedürfnis nach einem starken Oberhaupt entgegen und bekleidet ihn mit der Übermacht, auf die er sonst vielleicht keinen Anspruch hätte. Die anderen, deren Ichideal sich in seiner Person sonst nicht ohne Korrektur verkörpert hätte, werden dann „suggestiv", das heißt durch Identifizierung mitgerissen.

Wir erkennen, was wir zur Aufklärung der libidinösen Struktur einer Masse beitragen konnten, führt sich auf die

Unterscheidung des Ichs vom Ichideal und auf die dadurch ermöglichte doppelte Art der Bindung – Identifizierung und Einsetzung des Objekts an die Stelle des Ichideals – zurück. Die Annahme einer solchen Stufe im Ich als erster Schritt einer Ichanalyse muß ihre Rechtfertigung allmählich auf den verschiedensten Gebieten der Psychologie erweisen. In meiner Schrift ›Zur Einführung des Narzißmus‹ (1914 *c*) habe ich zusammengetragen, was sich zunächst von pathologischem Material zur Stütze dieser Sonderung verwerten ließ. Aber man darf erwarten, daß sich ihre Bedeutung bei weiterer Vertiefung in die Psychologie der Psychosen als eine viel größere enthüllen wird. Denken wir daran, daß das Ich nun in die Beziehung eines Objekts zu dem aus ihm entwickelten Ichideal tritt und daß möglicherweise alle Wechselwirkungen, die wir zwischen äußerem Objekt und Gesamt-Ich in der Neurosenlehre kennengelernt haben, auf diesem neuen Schauplatz innerhalb des Ichs zur Wiederholung kommen.

Ich will hier nur einer der von diesem Standpunkt aus möglichen Folgerungen nachgehen und damit die Erörterung eines Problems fortsetzen, das ich an anderer Stelle ungelöst verlassen mußte. Jede der seelischen Differenzierungen, die uns bekannt geworden sind, stellt eine neue Erschwerung der seelischen Funktion dar, steigert deren Labilität und kann der Ausgangspunkt eines Versagens der Funktion, einer Erkrankung werden. So haben wir mit dem Geborenwerden den Schritt vom absolut selbstgenügsamen Narzißmus zur Wahrnehmung einer veränderlichen Außenwelt und zum Beginn der Objektfindung gemacht, und damit ist verknüpft, daß wir den neuen Zustand nicht dauernd ertragen, daß wir ihn periodisch rückgängig machen und im Schlaf zum früheren Zustand der Reizlosigkeit und Objektvermeidung zurückkehren. Wir folgen dabei allerdings einem Wink der Außenwelt, die uns durch den periodischen Wechsel von Tag und Nacht zeitweilig den größten Anteil der auf uns wirkenden Reize entzieht. Keiner ähnlichen Einschränkung ist das zweite, für die Pathologie bedeutsamere Beispiel unterworfen. Im Laufe unserer Entwicklung haben wir eine Sonderung unseres seelischen Bestandes in ein kohärentes Ich und ein außerhalb dessen gelassenes, unbewußtes Verdrängtes vorgenommen, und wir wissen, daß die Stabilität dieser Neuerwerbung beständigen Erschütterungen ausgesetzt ist. Im Traum und in der Neurose pocht dieses Ausgeschlossene um Einlaß an den von Widerständen bewachten Pforten, und in wacher Gesundheit bedienen wir uns besonderer Kunstgriffe, um das Verdrängte mit Umgehung der Widerstände und unter Lustgewinn zeitweilig in unser Ich aufzunehmen. Witz und Humor, zum Teil auch das Komische überhaupt, dürfen in diesem Licht betrachtet werden. Jedem Kenner der Neurosenpsychologie werden ähnliche Beispiele von geringerer Tragweite einfallen, aber ich eile zu der beabsichtigten Anwendung.

Es wäre gut denkbar, daß auch die Scheidung des Ichideals vom Ich nicht dauernd vertragen wird und sich zeitweilig zurückbilden muß. Bei allen Verzichten und Einschränkungen, die dem Ich auferlegt werden, ist der periodische Durchbruch der Verbote Regel, wie ja die Institution der Feste zeigt, die ursprünglich nichts anderes sind als vom Gesetz gebotene Exzesse und dieser Befreiung auch ihren heiteren Charakter verdanken. Die Saturnalien der Römer und unser heutiger Karneval treffen in diesem wesentlichen Zug mit den Festen der Primitiven zusammen, die in Ausschweifungen jeder Art mit Übertretung der sonst heiligsten Gebote auszugehen pflegen. Das Ichideal umfaßt aber die Summe aller Einschränkungen, denen das Ich sich fügen soll, und darum müßte die Einziehung des Ideals ein großartiges Fest für das Ich sein, das dann wieder einmal mit sich selbst zufrieden sein dürfte.

Es kommt immer zu einer Empfindung von Triumph, wenn etwas im Ich mit dem Ichideal zusammenfällt. Als Ausdruck der Spannung zwischen Ich und Ideal kann auch das Schuldgefühl (und Minderwertigkeitsgefühl) verstanden werden.

Es gibt bekanntlich Menschen, bei denen das Allgemeingefühl der Stimmung in periodischer Weise schwankt, von einer übermäßigen Gedrücktheit durch einen gewissen Mittelzustand zu einem erhöhten Wohlbefinden, und zwar treten diese Schwankungen in sehr verschieden großen Amplituden auf, vom eben Merklichen bis zu jenen Extremen, die als Melancholie und Manie höchst qualvoll oder störend in das Leben der Betroffenen eingreifen. In typischen Fällen dieser zyklischen Verstimmung scheinen äußere Veranlassungen keine entscheidende Rolle zu spielen; von inneren Motiven findet man bei diesen Kranken nicht mehr oder nichts anderes als bei allen anderen. Man hat sich deshalb gewöhnt, diese Fälle als nicht psychogene zu beurteilen. Von anderen, ganz ähnlichen Fällen zyklischer Verstimmung, die sich aber leicht auf seelische Traumen zurückführen, soll später die Rede sein.

Die Begründung dieser spontanen Stimmungsschwankungen ist also unbekannt; in den Mechanismus der Ablösung einer Melancholie durch eine Manie fehlt uns die Einsicht. Somit wären dies die Kranken, für welche unsere Vermutung Geltung haben könnte, daß ihr Ichideal zeitweilig ins Ich aufgelöst wird, nachdem es vorher besonders strenge regiert hat.

Halten wir zur Vermeidung von Unklarheiten fest: Auf dem Boden unserer Ichanalyse ist es nicht zweifelhaft, daß beim Manischen Ich und Ichideal zusammengeflossen sind, so daß die Person sich in einer durch keine Selbstkritik gestörten Stimmung von Triumph und Selbstbeglücktheit des Wegfalles von Hemmungen, Rücksichten und Selbstvorwürfen erfreuen kann. Es ist minder evident, aber doch recht wahrscheinlich, daß das Elend des Melancholikers der Ausdruck eines scharfen Zwiespalts zwischen beiden Instanzen des Ichs ist, in dem das übermäßig empfindliche Ideal seine Verurteilung des Ichs im Kleinheitswahn und in der Selbsterniedrigung schonungslos zum Vorschein bringt. In Frage steht nur, ob man die Ursache dieser veränderten Beziehungen zwischen Ich und Ichideal in den oben postulierten periodischen Auflehnungen gegen die neue Institution suchen oder andere Verhältnisse dafür verantwortlich machen soll.

Der Umschlag in Manie ist kein notwendiger Zug im Krankheitsbild der melancholischen Depression. Es gibt einfache, einmalige und auch periodisch wiederholte Melancholien, welche niemals dieses Schicksal haben. Anderseits gibt es Melancholien, bei denen die Veranlassung offenbar eine ätiologische Rolle spielt. Es sind die nach dem Verlust eines geliebten Objekts, sei es durch den Tod desselben oder infolge von Umständen, die zum Rückzug der Libido vom Objekt genötigt haben. Eine solche psychogene Melancholie kann ebensowohl in Manie ausgehen und dieser Zyklus mehrmals wiederholt werden wie bei einer anscheinend spontanen. Die Verhältnisse sind also ziemlich undurchsichtig, zumal da bisher nur wenige Formen und Fälle von Melancholie der psychoanalytischen Untersuchung unterzogen worden sind. Wir verstehen bis jetzt nur jene Fälle, in denen das Objekt aufgegeben wurde, weil es sich der Liebe unwürdig gezeigt hatte. Es wird dann durch Identifizierung im Ich wiederaufgerichtet und vom Ichideal streng gerichtet. Die Vorwürfe und Aggressionen gegen das Objekt kommen als melancholische Selbstvorwürfe zum Vorschein.

Auch an eine solche Melancholie kann sich der Umschlag in Manie anschließen, so daß diese Möglichkeit einen von den übrigen Charakteren des Krankheitsbildes unabhängigen Zug darstellt.

Ich sehe indes keine Schwierigkeit, das Moment der periodischen Auflehnung des Ichs gegen das Ichideal für beide Arten der Melancholien, die psychogenen wie die spontanen, in Betracht kommen zu lassen. Bei den spontanen kann man annehmen, daß das Ichideal zur Entfaltung einer besonderen Strenge neigt, die dann automatisch seine zeitweilige Aufhebung zur Folge hat. Bei den psychogenen würde das Ich zur Auflehnung gereizt durch die Mißhandlung von Seiten seines Ideals, die es im Fall der Identifizierung mit einem verworfenen Objekt erfährt.

Kapitel XII - Nachträge

Im Laufe der Untersuchung, die jetzt zu einem vorläufigen Abschluß gekommen ist, haben sich uns verschiedene Nebenwege eröffnet, die wir zuerst vermieden haben, auf denen uns aber manche nahe Einsicht winkte. Einiges von dem so Zurückgestellten wollen wir nun nachholen.

A) Die Unterscheidung von Ichidentifizierung und Ichidealersetzung durch das Objekt findet eine interessante Erläuterung an den zwei großen künstlichen Massen, die wir eingangs studiert haben, dem Heer und der christlichen Kirche.

Es ist evident, daß der Soldat seinen Vorgesetzten, also eigentlich den Armeeführer, zum Ideal nimmt, während er sich mit seinesgleichen identifiziert und aus dieser Ichgemeinsamkeit die Verpflichtungen der Kameradschaft zur gegenseitigen Hilfeleistung und Güterteilung ableitet. Aber er wird lächerlich, wenn er sich mit dem Feldherrn identifizieren will. Der Jäger in *Wallensteins Lager* verspottet darob den Wachtmeister:

Wie er räuspert und wie er spuckt,
Das habt ihr ihm glücklich abgeguckt . . .

Anders in der katholischen Kirche. Jeder Christ liebt Christus als sein Ideal und fühlt sich den anderen Christen durch Identifizierung verbunden. Aber die Kirche fordert von ihm mehr. Er soll überdies sich mit Christus identifizieren und die anderen Christen lieben, wie Christus sie geliebt hat. Die Kirche fordert also an beiden Stellen die Ergänzung der durch die

Massenbildung gegebenen Libidoposition. Die Identifizierung soll dort hinzukommen, wo die Objektwahl stattgefunden hat; und die Objektliebe dort, wo die Identifizierung besteht. Dieses Mehr geht offenbar über die Konstitution der Masse hinaus. Man kann ein guter Christ sein, und doch könnte einem die Idee, sich an Christi Stelle zu setzen, wie er alle Menschen liebend zu umfassen, ferneliegen. Man braucht sich ja nicht als schwacher Mensch die Seelengröße und Liebesstärke des Heilands zuzutrauen. Aber diese Weiterentwicklung der Libidoverteilung in der Masse ist wahrscheinlich das Moment, auf welches das Christentum den Anspruch gründet, eine höhere Sittlichkeit gewonnen zu haben.

B) Wir sagten, es wäre möglich, die Stelle in der seelischen Entwicklung der Menschheit anzugeben, an der sich auch für den Einzelnen der Fortschritt von der Massen- zur Individualpsychologie vollzog.

Dazu müssen wir wieder kurz auf den wissenschaftlichen Mythus vom Vater der Urhorde zurückgreifen. Er wurde später zum Weltschöpfer erhöht, mit Recht, denn er hatte alle die Söhne erzeugt, welche die erste Masse zusammensetzten. Er war das Ideal jedes einzelnen von ihnen, gleichzeitig gefürchtet und verehrt, was für später den Begriff des Tabu ergab. Diese Mehrheit faßte sich einmal zusammen, tötete und zerstückelte ihn. Keiner der Massensieger konnte sich an seine Stelle setzen, oder wenn es einer tat, erneuerten sich die Kämpfe, bis sie einsahen, daß sie alle auf die Erbschaft des Vaters verzichten mußten. Sie bildeten dann die totemistische

Brüdergemeinschaft, alle mit gleichem Rechte und durch die Totemverbote gebunden, die das Andenken der Mordtat erhalten und sühnen sollten. Aber die Unzufriedenheit mit dem Erreichten blieb und wurde die Quelle neuer Entwicklungen. Allmählich näherten sich die zur Brudermasse Verbundenen einer Herstellung des alten Zustandes auf neuem Niveau, der Mann wurde wiederum Oberhaupt einer Familie und brach die Vorrechte der Frauenherrschaft, die sich in der vaterlosen Zeit festgesetzt hatte. Zur Entschädigung mag er damals die Muttergottheiten anerkannt haben, deren Priester kastriert wurden zur Sicherung der Mutter nach dem Beispiel, das der Vater der Urhorde gegeben hatte; doch war die neue Familie nur ein Schatten der alten, der Väter waren viele und jeder durch die Rechte des anderen beschränkt.

Damals mag die sehnsüchtige Entbehrung einen Einzelnen bewogen haben, sich von der Masse loszulösen und sich in die Rolle des Vaters zu versetzen. Wer dies tat, war der erste epische Dichter, der Fortschritt wurde in seiner Phantasie vollzogen. Der Dichter log die Wirklichkeit um im Sinne seiner Sehnsucht. Er erfand den heroischen Mythus. Heros war, wer allein den Vater erschlagen hatte, der im Mythus noch als totemistisches Ungeheuer erschien. Wie der Vater das erste Ideal des Knaben gewesen war, so schuf jetzt der Dichter im Heros, der den Vater ersetzen will, das erste Ichideal. Die Anknüpfung an den Heros bot wahrscheinlich der jüngste Sohn, der Liebling der Mutter, den sie vor der väterlichen Eifersucht beschützt hatte und der in Urhordenzeiten der Nachfolger des Vaters geworden war. In der lügenhaften Umdichtung der Urzeit wurde das Weib, das der Kampfpreis und die Verlockung des Mordes gewesen war, wahrscheinlich zur Verführerin und Anstifterin der Untat.

Der Heros will die Tat allein vollbracht haben, deren sich gewiß nur die Horde als Ganzes getraut hatte. Doch hat nach einer Bemerkung von Rank das Märchen deutliche Spuren des verleugneten Sachverhaltes bewahrt. Denn dort kommt es häufig vor, daß der Held, der eine schwierige Aufgabe zu lösen hat – meist ein jüngster Sohn, nicht selten einer, der sich vor dem Vatersurrogat dumm, das heißt ungefährlich gestellt hat – , diese Aufgabe doch nur mit Hilfe einer Schar von kleinen Tieren (Bienen, Ameisen) lösen kann. Dies wären die Brüder der Urhorde, wie ja auch in der Traumsymbolik Insekten, Ungeziefer die Geschwister (verächtlich: als kleine Kinder) bedeuten. Jede der Aufgaben in Mythus und Märchen ist überdies leicht als Ersatz der heroischen Tat zu erkennen.

Der Mythus ist also der Schritt, mit dem der Einzelne aus der Massenpsychologie austritt. Der erste Mythus war sicherlich der psychologische, der Heroenmythus; der erklärende Naturmythus muß weit später aufgekommen sein. Der Dichter, der diesen Schritt getan und sich so in der Phantasie von der Masse gelöst hatte, weiß nach einer weiteren Bemerkung von Rank doch in der Wirklichkeit die Rückkehr zu ihr zu finden. Denn er geht hin und erzählt dieser Masse die Taten seines Helden, die er erfunden. Dieser Held ist im Grunde kein anderer als er selbst. Er senkt sich somit zur Realität herab und hebt seine Hörer zur Phantasie empor. Die Hörer aber verstehen den Dichter, sie können sich auf Grund der nämlichen sehnsüchtigen Beziehung zum Urvater mit dem Heros identifizieren.

Die Lüge des heroischen Mythus gipfelt in der Vergottung des Heros. Vielleicht war der vergottete Heros früher als der Vatergott, der Vorläufer der Wiederkehr des Urvaters als Gottheit. Die Götterreihe liefe dann chronologisch so: Muttergöttin–Heros–Vatergott. Aber erst mit der Erhöhung des nie vergessenen Urvaters erhielt die Gottheit die Züge, die wir noch heute an ihr kennen.

C) Wir haben in dieser Abhandlung viel von direkten und von zielgehemmten Sexualtrieben gesprochen und dürfen hoffen, daß diese Unterscheidung nicht auf großen Widerstand stoßen wird. Doch wird eine eingehende Erörterung darüber nicht unwillkommen sein, selbst wenn sie nur wiederholt, was zum großen Teil bereits an früheren Stellen gesagt worden ist.

Das erste, aber auch beste Beispiel zielgehemmter Sexualtriebe hat uns die Libidoentwicklung des Kindes kennen gelehrt. Alle die Gefühle, welche das Kind für seine Eltern und Pflegepersonen empfindet, setzen sich ohne Schranke in die Wünsche fort, welche dem Sexualstreben des Kindes Ausdruck geben. Das Kind verlangt von diesen geliebten Personen alle Zärtlichkeiten, die ihm bekannt sind, will sie küssen, berühren, beschauen, ist neugierig, ihre Genitalien zu sehen und bei ihren intimen Exkretionsverrichtungen anwesend zu sein, es verspricht, die Mutter oder Pflegerin zu heiraten, was immer es sich darunter vorstellen mag, setzt sich vor, dem Vater ein Kind zu gebären usw. Direkte Beobachtung sowie die nachträgliche analytische Durchleuchtung der Kindheitsreste lassen über das unmittelbare Zusammenfließen zärtlicher und eifersüchtiger

Gefühle und sexueller Absichten keinen Zweifel und legen uns dar, in wie gründlicher Weise das Kind die geliebte Person zum Objekt aller seiner noch nicht richtig zentrierten Sexualbestrebungen macht. (Vgl. *Sexualtheorie*.)

Diese erste Liebesgestaltung des Kindes, die typisch dem Ödipuskomplex zugeordnet ist, erliegt dann, wie bekannt, vom Beginn der Latenzzeit an einem Verdrängungsschub. Was von ihr erübrigt, zeigt sich uns als rein zärtliche Gefühlsbindung, die denselben Personen gilt, aber nicht mehr als „sexuell" bezeichnet werden soll. Die Psychoanalyse, welche die Tiefen des Seelenlebens durchleuchtet, hat es nicht schwer aufzuweisen, daß auch die sexuellen Bindungen der ersten Kinderjahre noch fortbestehen, aber verdrängt und unbewußt. Sie gibt uns den Mut zu behaupten, daß überall, wo wir ein zärtliches Gefühl begegnen, dies der Nachfolger einer voll „sinnlichen" Objektbindung an die betreffende Person oder ihr Vorbild (ihre Imago) ist. Sie kann uns freilich nicht ohne besondere Untersuchung verraten, ob diese vorgängige sexuelle Vollströmung in einem gegebenen Fall noch als verdrängt besteht oder ob sie bereits aufgezehrt ist. Um es noch schärfer zu fassen: es steht fest, daß sie als Form und Möglichkeit noch vorhanden ist und jederzeit wieder durch Regression besetzt, aktiviert werden kann; es fragt sich nur und ist nicht immer zu entscheiden, welche Besetzung und Wirksamkeit sie gegenwärtig noch hat. Man muß sich hiebei gleichmäßig vor zwei Fehlerquellen in acht nehmen, vor der Scylla der Unterschätzung des verdrängten Unbewußten, wie vor der Charybdis der Neigung, das Normale durchaus mit dem Maß des Pathologischen zu messen.

Der Psychologie, welche die Tiefe des Verdrängten nicht durchdringen will oder kann, stellen sich die zärtlichen Gefühlsbindungen jedenfalls als Ausdruck von Strebungen dar, die nicht nach dem Sexuellen zielen, wenngleich sie aus solchen, die danach gestrebt haben, hervorgegangen sind.

Wir sind berechtigt zu sagen, sie sind von diesen sexuellen Zielen abgelenkt worden, wenngleich es seine Schwierigkeiten hat, in der Darstellung einer solchen Zielablenkung den Anforderungen der Metapsychologie zu entsprechen. Übrigens halten diese zielgehemmten Triebe immer noch einige der ursprünglichen Sexualziele fest; auch der zärtlich Anhängliche, auch der Freund, der Verehrer sucht die körperliche Nähe und den Anblick der nur mehr im „*paulinischen*" Sinne geliebten Person. Wenn wir es wollen, können wir in dieser Zielablenkung einen Beginn von *Sublimierung* der Sexualtriebe anerkennen oder aber die Grenze für letztere noch ferner stecken. Die zielgehemmten Sexualtriebe haben vor den ungehemmten einen großen funktionellen Vorteil. Da sie einer eigentlich vollen Befriedigung nicht fähig sind, eignen sie sich besonders dazu, dauernde Bindungen zu schaffen, während die direkt sexuellen jedesmal durch die Befriedigung ihrer Energie verlustig werden und auf Erneuerung durch Wiederanhäufung der sexuellen Libido warten müssen, wobei inzwischen das Objekt gewechselt werden kann. Die gehemmten Triebe sind jedes Maßes von Vermengung mit den ungehemmten fähig, können sich in sie rückverwandeln, wie sie aus ihnen hervorgegangen sind. Es ist bekannt, wie leicht sich aus Gefühlsbeziehungen freundschaftlicher Art, auf Anerkennung und Bewunderung gegründet, erotische Wünsche entwickeln (das Molièresche: “*Embrassez-moi pour l'amour du Grec*“), zwischen Meister und Schülerin, Künstler und entzückter Zuhörerin, zumal bei Frauen. Ja, die Entstehung solcher zuerst absichtsloser Gefühlsbindungen gibt direkt einen vielbegangenen Weg zur sexuellen Objektwahl. In der *Frömmigkeit des Grafen von Zinzendorf* hat Pfister ein überdeutliches, gewiß nicht vereinzeltes Beispiel dafür aufgezeigt, wie nahe es liegt, daß auch intensive religiöse Bindung in brünstige sexuelle Erregung zurückschlägt. Anderseits ist auch die Umwandlung direkter, an sich kurzlebiger, sexueller Strebungen in dauernde, bloß zärtliche Bindung etwas sehr Gewöhnliches, und die Konsolidierung einer aus verliebter Leidenschaft geschlossenen Ehe beruht zu einem großen Teil auf diesem Vorgang.

Es wird uns natürlich nicht verwundern zu hören, daß die zielgehemmten Sexualstrebungen sich aus den direkt sexuellen dann ergeben, wenn sich der Erreichung der Sexualziele innere oder äußere Hindernisse entgegenstellen. Die Verdrängung der Latenzzeit ist ein solches inneres – oder besser: innerlich gewordenes – Hindernis. Vom Vater der Urhorde haben wir angenommen, daß er durch seine sexuelle Intoleranz alle Söhne zur Abstinenz nötigt und sie so in zielgehemmte Bindungen drängt, während er sich selbst freien Sexualgenuß vorbehält und somit ungebunden bleibt. Alle Bindungen, auf denen die Masse beruht, sind von der Art der zielgehemmten Triebe. Damit aber haben wir uns der Erörterung eines neuen Themas genähert, welches die Beziehung der direkten Sexualtriebe zur Massenbildung behandelt.

D) Wir sind bereits durch die beiden letzten Bemerkungen darauf vorbereitet zu finden, daß die direkten Sexualstrebungen der Massenbildung ungünstig sind. Es hat zwar auch in der Entwicklungsgeschichte der Familie Massenbeziehungen der sexuellen Liebe gegeben (die Gruppenehe), aber je bedeutungsvoller die Geschlechtsliebe für das Ich wurde, je mehr Verliebtheit sie entwickelte, desto eindringlicher forderte sie die Einschränkung auf zwei Personen – *una cum uno* –, die durch die Natur des Genitalzieles vorgezeichnet ist. Die polygamen Neigungen wurden darauf angewiesen, sich im Nacheinander des Objektwechsels zu befriedigen.

Die beiden zum Zweck der Sexualbefriedigung aufeinander angewiesenen Personen demonstrieren gegen den Herdentrieb, das Massengefühl, indem sie die Einsamkeit aufsuchen. Je verliebter sie sind, desto vollkommener genügen sie einander. Die Ablehnung des Einflusses der Masse äußert sich als Schamgefühl. Die äußerst heftigen Gefühlsregungen der Eifersucht werden aufgeboten, um die sexuelle Objektwahl gegen die Beeinträchtigung durch eine Massenbindung zu schützen. Nur wenn der zärtliche, also persönliche Faktor der Liebesbeziehung völlig hinter dem sinnlichen zurücktritt, wird der Liebesverkehr eines Paares in Gegenwart anderer oder gleichzeitige Sexualakte innerhalb einer Gruppe wie bei der Orgie möglich. Damit ist aber eine Regression zu einem frühen Zustand der Geschlechtsbeziehungen gegeben, in dem die Verliebtheit noch keine Rolle spielte, die Sexualobjekte einander gleichwertig erachtet wurden, etwa im Sinne von dem bösen Wort Bernard Shaws: Verliebtsein heiße, den

Unterschied zwischen einem Weib und einem anderen ungebührlich überschätzen.

Es sind reichlich Anzeichen dafür vorhanden, daß die Verliebtheit erst spät in die Sexualbeziehungen zwischen Mann und Weib Eingang fand, so daß auch die Gegnerschaft zwischen Geschlechtsliebe und Massenbindung eine spät entwickelte ist. Nun kann es den Anschein haben, als ob diese Annahme unverträglich mit unserem Mythus von der Urfamilie wäre. Die Brüderschar soll doch durch die Liebe zu den Müttern und Schwestern zum Vatermord getrieben worden sein, und es ist schwer, sich diese Liebe anders denn als eine ungebrochene, primitive, das heißt als innige Vereinigung von zärtlicher und sinnlicher vorzustellen. Allein bei weiterer Überlegung löst sich dieser Einwand in eine Bestätigung auf. Eine der Reaktionen auf den Vatermord war doch die Einrichtung der totemistischen Exogamie, das Verbot jeder sexuellen Beziehung mit den von der Kindheit an zärtlich geliebten Frauen der Familie. Damit war der Keil zwischen die zärtlichen und sinnlichen Regungen des Mannes eingetrieben, der heute noch in seinem Liebesleben festsitzt. Infolge dieser Exogamie mußten sich die sinnlichen Bedürfnisse der Männer mit fremden und ungeliebten Frauen begnügen.

In den großen, künstlichen Massen, Kirche und Heer, ist für das Weib als Sexualobjekt kein Platz. Die Liebesbeziehung zwischen Mann und Weib bleibt außerhalb dieser Organisationen. Auch wo sich Massen bilden, die aus Männern und Weibern gemischt sind, spielt der Geschlechtsunterschied keine Rolle. Es hat kaum einen Sinn zu fragen, ob die Libido, welche die Massen zusammenhält, homosexueller oder heterosexueller Natur ist, denn sie ist nicht nach den Geschlechtern differenziert und sieht insbesondere von den Zielen der Genitalorganisation der Libido völlig ab.

Die direkten Sexualstrebungen erhalten auch für das sonst in der Masse aufgehende Einzelwesen ein Stück individueller Betätigung. Wo sie überstark werden, zersetzen sie jede Massenbildung. Die katholische Kirche hatte die besten Motive, ihren Gläubigen die Ehelosigkeit zu empfehlen und ihren Priestern das Zölibat aufzuerlegen, aber die Verliebtheit hat oft auch Geistliche zum Austritt aus der Kirche getrieben. In gleicher Weise durchbricht die Liebe zum Weibe die Massenbindungen der Rasse, der nationalen Absonderung und der sozialen Klassenordnung und vollbringt damit kulturell wichtige Leistungen. Es scheint gesichert, daß sich die homosexuelle Liebe mit den Massenbindungen weit besser verträgt, auch wo sie als ungehemmte Sexualstrebung auftritt; eine merkwürdige Tatsache, deren Aufklärung weit führen dürfte.

Die psychoanalytische Untersuchung der Psychoneurosen hat uns gelehrt, daß deren Symptome von verdrängten, aber aktiv gebliebenen direkten Sexualstrebungen abzuleiten sind. Man kann diese Formel vervollständigen, wenn man hinzufügt: oder von solchen zielgehemmten, bei denen die Hemmung nicht durchgehends gelungen ist oder einer Rückkehr zum verdrängten Sexualziel den Platz geräumt hat. Diesem Verhältnis entspricht, daß die Neurose asozial macht, den von ihr Betroffenen aus den habituellen Massenbildungen heraushebt. Man kann sagen, die Neurose wirkt in ähnlicher Weise zersetzend auf die Masse wie die Verliebtheit. Dafür kann man sehen, daß dort, wo ein kräftiger Anstoß zur Massenbildung erfolgt ist, die Neurosen zurücktreten und wenigstens für eine Zeitlang schwinden können. Man hat auch mit Recht versucht, diesen Widerstreit von Neurose und Massenbildung therapeutisch zu verwerten. Auch wer das Schwinden der religiösen Illusionen in der heutigen Kulturwelt nicht bedauert, wird zugestehen, daß sie den durch sie Gebundenen den stärksten Schutz gegen die Gefahr der Neurose boten, solange sie selbst noch in Kraft waren. Es ist auch nicht schwer, in all den Bindungen an mystisch-religiöse oder philosophisch-mystische Sekten und Gemeinschaften den Ausdruck von Schiefheilungen mannigfaltiger Neurosen zu erkennen. Das alles hängt mit dem Gegensatz der direkten und zielgehemmten Sexualstrebungen zusammen.

Sich selbst überlassen, ist der Neurotiker genötigt, sich die großen Massenbildungen, von denen er ausgeschlossen ist, durch seine Symptombildungen zu ersetzen. Er schafft sich seine eigene Phantasiewelt, seine Religion, sein Wahnsystem und wiederholt so die Institutionen der Menschheit in einer Verzerrung, welche deutlich den übermächtigen Beitrag der direkten Sexualstrebungen bezeugt.

E) Fügen wir zum Schluß eine vergleichende Würdigung der Zustände, die uns beschäftigt haben, vom Standpunkt der Libidotheorie an, der Verliebtheit, Hypnose, Massenbildung und der Neurose.

Die *Verliebtheit* beruht auf dem gleichzeitigen Vorhandensein von direkten und von zielgehemmten

Sexualstrebungen, wobei das Objekt einen Teil der narzißtischen Ichlibido auf sich zieht. Sie hat nur Raum für das Ich und das Objekt.

Die *Hypnose* teilt mit der Verliebtheit die Einschränkung auf diese beiden Personen, aber sie beruht durchaus auf zielgehemmten Sexualstrebungen und setzt das Objekt an die Stelle das Ichideals.

Die *Masse* vervielfältigt diesen Vorgang, sie stimmt mit der Hypnose in der Natur der sie zusammenhaltenden Triebe und in der Ersetzung des Ichideals durch das Objekt überein, aber sie fügt die Identifizierung mit anderen Individuen hinzu, die vielleicht ursprünglich durch die gleiche Beziehung zum Objekt ermöglicht wurde.

Beide Zustände, Hypnose wie Massenbildung, sind Erbniederschläge aus der Phylogenese der menschlichen Libido, die Hypnose als Disposition, die Masse überdies als direktes Überbleibsel. Die Ersetzung der direkten Sexualstrebungen durch die zielgehemmten befördert bei beiden die Sonderung von Ich und Ichideal, zu der bei der Verliebtheit schon ein Anfang gemacht ist.

Die *Neurose* tritt aus dieser Reihe heraus. Auch sie beruht auf einer Eigentümlichkeit der menschlichen Libidoentwicklung, auf dem durch die Latenzzeit unterbrochenen, doppelten Ansatz der direkten Sexualfunktion. Insoferne teilt sie mit Hypnose und Massenbildung den Charakter einer Regression, welcher der Verliebtheit abgeht. Sie tritt überall dort auf, wo der Fortschritt von direkten zu zielgehemmten Sexualtrieben nicht voll geglückt ist, und entspricht einem *Konflikt* zwischen den ins Ich aufgenommenen Trieben, welche eine solche Entwicklung durchgemacht haben, und den Anteilen derselben Triebe, welche vom verdrängten Unbewußten her – ebenso wie andere völlig verdrängte Triebregungen – nach ihrer direkten Befriedigung streben. Sie ist inhaltlich ungemein reichhaltig, da sie alle möglichen Beziehungen zwischen Ich und Objekt umfaßt, sowohl die, in denen das Objekt beibehalten, als auch andere, in denen es aufgegeben oder im Ich selbst aufgerichtet ist, aber ebenso die Konfliktbeziehungen zwischen dem Ich und seinem Ichideal.